13

DE CO RA

DE CO RA

COM
MAURÍCIO ARRUDA

fotos **LUFE GOMES**

gnt

GLOBO estilo

A Cidinha e José Manoel,
meus pais, que me ensinaram
coisas maravilhosas em tempo
recorde e sempre andaram pela
rua de mãos dadas comigo.

PREFÁCIO

POR BEL LOBO

Quando o Maurício me ligou dizendo que iria lançar um livro sobre o Decora e que gostaria que o Rosenbaum e eu escrevêssemos prefácios, fiquei encantada!

Apresentei o programa durante as primeiras sete temporadas. Foi uma experiência maravilhosa! Eu já havia feito algumas participações no GNT. No Super Bonita com Thaís Araújo, falei sobre pilates e hábitos matutinos. No +D com a Chris Nicklas, improvisei uma estante. E passeei pelo Saara com a Cristina Brasil para o Decora Brasil. Mas nunca havia sonhado em ser apresentadora. Sempre fui muito tímida, insegura, falar com o público não era para mim. Mas a idade e a maturidade foram chegando trazendo liberdade. Depois dos quarenta, resolvi que diria sim para tudo que me parecesse divertido.

Assim, quando veio o convite para apresentar o Decora, topei na hora. Meu escritório estava lotado de trabalho, mas queria novos desafios. Era um programa semanal, então achei que seria fácil conciliar com minha vida. Estava enganada! Para o programa ir ao ar uma vez por semana, eu tinha que gravar o "antes", projetar e produzir tudo, convencendo os fornecedores a fazer as maluquices que inventava quase de graça e em um prazo curtíssimo. Para completar, só tínhamos um dia para executar todo o serviço. Às vezes saía de casa às seis horas da manhã e voltava no meio do dia seguinte, depois de ter varado a noite trabalhando, só para tomar um banho e ir para o escritório. Gincana total!

Cansativo? Sim, muito, mas divertidíssimo! Contei com pessoas maravilhosas: arquitetos, designers e profissionais de todas as áreas que ajudaram a fazer aquelas mágicas acontecerem. E era produzido internamente pela equipe do GNT, então viramos uma grande família. A cada temporada o programa ia ficando mais conhecido, os processos e dinâmicas iam se azeitando. Mas por mais que adorasse fazer as transformações por saber que iriam fazer diferença na vida das pessoas, eu sempre pensava em parar. Minha vida estava de cabeça para baixo. Eu brincava dizendo que adoraria fazer um programa de entrevistas, porque o que mais gostava era conhecer e conversar com os personagens, saber da vida deles.

Cheguei a indicar outros arquitetos para o meu lugar, mas ninguém me dava bola.

Assim, fomos seguindo no maior batidão até a sexta temporada, quando sugeri mudanças no programa. Como não foi possível aplicar as sugestões naquele momento, comuniquei que não teria como continuar.

Meu corpo já estava pedindo arrego, mas combinamos que eu faria mais um semestre para o canal ter tempo de arranjar outro apresentador. Fizemos a sétima temporada e, para fechar com chave de ouro, o último episódio foi na casa do Jony – amigo eletricista "pau pra toda obra", que se tornou meu braço direito no programa e fez comigo todas as temporadas. Foi lindo! Sou agradecida por tudo que aprendi, todos que conheci, tudo que conquistei como profissional e como pessoa durante esse período.

Valeu muito, Decora!

O Marcelo Rosenbaum me substituiu com a mesma criatividade e personalidade que emprega em tudo que faz, mas múltiplo que é, ficou por pouco tempo. Sou grande fã, principalmente do trabalho maravilhoso e inspirador que ele faz pelo Brasil com o projeto A Gente Transforma. Já o Maurício me conquistou desde o primeiro encontro, ainda antes de o Decora entrar na vida dele. Eu estava fazendo um projeto para uma loja de biquínis e usei como referência de material uma poltrona criada por ele. Minha cliente amou tanto que teve a ideia de chamá-lo para nos ajudar. Ele veio colaborar conosco com sua delicadeza, bom gosto e experiência. E o resultado ficou incrível.

Pouco tempo depois ele me mandou uma mensagem dizendo que queria dividir um segredo comigo. Claro que fiquei super curiosa! Segredo? Que segredo?
E ele escreveu: "Vou apresentar o DECORA. Preciso da sua benção. :)".

"Uau! Perfeito!" – pensei. "Ele é o cara! Super arquiteto, designer, professor, carismático e amoroso!" Senti ali que o programa havia encontrado finalmente o seu verdadeiro apresentador. Não deu outra: o Decora está delicioso, interessante, didático, dinâmico, cheio de boas ideias.

Sorte nossa!

PREFÁCIO

POR MARCELO ROSENBAUM

Sempre acreditei que a comunicação faz parte de um grande movimento de transformação e conscientização de todas as formas da nossa existência.

A casa, o lugar em que nossas almas descansam, alimentam-se e inspiram-se, tem um significado que vai além da estética. Ela é o espaço para acolher nossa família, amigxs, filhxs, companheirxs de jornada, animais de estimação etc. Por isso é fundamental que esse canto seja tratado com carinho e respeito.

Assim, um programa de televisão que trate dos assuntos relacionados à alma e ao espírito tem uma responsabilidade gigantesca ao se comunicar com tantas pessoas pelo Brasil afora. E eu sempre tive isso em mente quando fiz o Decora e o Lar Doce Lar.

E é lindo ver como há muitas formas de se fazer a mesma coisa, com o mesmo propósito, mas a partir de outra perspectiva. Quando apresentou o Decora, a Bel Lobo mostrou seu trabalho criativo, lindo, sensível, delicado e generoso. Assumir depois dela foi um grande desafio!

Depois, a vida começou a me levar para outros caminhos, não mais diretamente ligados à decoração, mas sim à transformação sistêmica das populações tradicionais da nossa nação chamada Brasil. E quando tive de me afastar do programa, logo me veio à mente a imagem desse brilhante profissional.

Com toda sua dedicação, elegância, comprometimento, respeito e envolvimento, o Maurício era a pessoa ideal para dar sequência a esse movimento criado com tanto amor pela Cris Brasil e que depois se transformou no Decora pelas mãos da linda Bel.

Por tudo isso, o programa está pronto para transcender a televisão. Agora ele vira um produto lindo que traz a transformação, o serviço, o cuidado com esse espaço que deve acolher a nossa alma: a casa.

Que este livro leve informação, amor e cuidado para os lares de muitas pessoas, em um momento em que precisamos de tanto aconchego.

Que assim seja e que venham muitos mais anos e oportunidades de comunicar o amor por meio da decoração.

Viva o Decora!
Viva o Maurício!
Valeu, Decora!

APRESENTAÇÃO

Eu me formei arquiteto e urbanista. A decoração, no entanto, só surgiu depois que terminei o mestrado, em 2000, e comecei a dar aulas em cursos técnicos e profissionalizantes de design de interiores. Nessa época, eu trabalhava durante o dia em um escritório de arquitetura coordenando obras e desenhando, e dava aula à noite e nos fins de semana. Foi minha segunda faculdade. Aprendi muitas coisas lecionando, mas compartilhar, sem dúvida, foi o ensinamento mais importante.

Em 2006, resolvi abrir meu próprio escritório, e, desde então, não parei mais de fazer projetos residenciais, muitos interiores, cenografias e design de produtos. Em 2014, criei com outros dois sócios a **Todos Arquitetura**, um escritório especializado em varejo e ambientes corporativos, além dos projetos de residências que a gente já fazia. Sempre tive no meu trabalho uma preocupação real não só com a viabilidade dos projetos, com o uso do design brasileiro e a aplicação da sustentabilidade, mas também sempre busquei contar uma história por meio deles e me aproximar dos clientes para que participassem de todas as etapas do projeto e da obra. E essas se tornaram as marcas registradas do nosso trabalho.

No final de 2015, o canal GNT apostou nas minhas ideias e me convidou para estar à frente do Decora, o programa que tem como objetivo ajudar qualquer pessoa a transformar sua casa ou ambiente de trabalho. Em março de 2016, minha primeira transformação foi ao ar. A ideia de escrever este livro nasceu já naquela época. Meu lado professor sempre me disse que as transformações que eu faria para o programa produziriam um material riquíssimo, capaz de alcançar ainda mais pessoas. Todas as reformas foram registradas por diversos fotógrafos, mas para este livro guardamos imagens inéditas, na sua maioria feitas pelo amigo Lufe Gomes.

Vale dizer que este não é um livro técnico de interiores. Não indiquei medidas, características, nem descrevi aqui os fundamentos do design de interiores. Pelo contrário, a ideia é inspirar os leitores com as muitas ideias e soluções que usamos ao longo dos episódios.

A decoração de cada casa é única, tal qual a personalidade de seus moradores. Mas espero que as histórias contadas aqui estimulem cada um dos leitores a encontrar o caminho da sua casa, a entender que ela é um organismo vivo, assim como nós.

Ela está sempre em movimento, e o principal agente dessa transformação diária é o próprio morador.

O livro está organizado em oito capítulos. Os dois primeiros, **Afinal, por onde eu começo?** e **Planejamento e projeto,** falam sobre a identidade diferente de cada casa, o que ela representa para nós e as principais etapas para planejar e executar uma transformação. Os seis capítulos seguintes estão divididos pelas principais atividades que desempenhamos em uma casa: **chegar, relaxar e receber, comer e trabalhar, cozinhar, dormir, estudar e brincar** e, por último, **limpar**. Em vez de falar de ambientes, resolvi falar de atividades, já que os espaços da nossa casa estão mais integrados e, por isso, mais flexíveis do ponto de vista do que e onde fazemos as coisas.

Ao final desses capítulos, listei dez ideias de como viver melhor em casas cada vez menores, o que não precisa significar perder qualidade de vida. Não se trata apenas de tentar fazer os cômodos parecem maiores. Todos nós precisamos nos inspirar em soluções inteligentes para viver com menos, aproveitar melhor os espaços e deixar nossas vidas mais práticas.

Fazer esse programa é um grande privilégio. Entrar na casa das pessoas, conhecer suas histórias e ainda ouvir o famoso "Valeu, Decora!" é bom demais! Chega a ser difícil de explicar. Conhecer o dia a dia de tantas casas me permitiu enxergar de maneira mais ampla os problemas reais de decoração da casa brasileira hoje. Fora isso, entendi que o maior desafio dessa profissão é realmente se colocar no lugar das pessoas, deixar o ego de lado e fazer algo que tenha significado para elas mais do que para mim.

Para decorar, é preciso se arriscar um pouquinho, não dá para ter medo do novo, de misturar, de errar, de experimentar muito e depois mudar tudo. Esse é o caminho para descobrir e criar a decoração única que sonhamos para a nossa casa.

Um grande beijo e até já!

01

Afinal, por onde eu começo?

O SIGNIFICADO DA CASA

A **casa** é um reflexo da nossa história e da maneira como vivemos. Ela tem essa capacidade de traduzir aquilo que é significativo para nós, tudo em que acreditamos e sonhamos para nossas vidas.

Quando pensamos em como ela poderia ser, falamos muito em estilo. O fato é que nem sempre é fácil definir nossa casa em um único estilo, pois a maioria das pessoas mistura vários deles na decoração. O ideal é pensarmos em identidade, aquilo que resume as ideias de um grupo de pessoas.

Uma boa pergunta a se fazer antes do processo de transformação de uma casa é: "O que a casa significa para mim?". Descobrir qual o significado desse lugar vai lhe dar pistas do caminho. Descobrir as sensações que você quer despertar o ajudará em todo o processo de decoração. Não se trata apenas de praticidade ou de conforto. Trata-se de sentimentos, sonhos, da sua história, daquilo em que você acredita, do que viveu e de como isso vai construir o lugar mais importante para você: a sua casa.

Para lhe auxiliar, criei três casas diferentes. E não se preocupe se descobrir que a sua casa é uma mistura delas. É mais fácil fazer decisões quando compreendemos o significado da casa para nós. Comece pela identidade: em qual delas você se sentiria melhor, qual delas expressa melhor a sua ideia de casa perfeita. Depois, veja o significado: o que elas despertam em você quando está nelas. E, por último, pense nas soluções de cada uma delas: os materiais, as cores, os revestimentos, o design das peças, as combinações, os objetos, os utensílios e até as peças de arte que traduzem cada atmosfera.

CASA

Costumamos nos referir ao lugar onde moramos como casa, mas o que de fato buscamos ao longo de toda nossa vida é construir um lar. A casa é o abrigo, o espaço físico. O lar é a casa com emoção. As relações e os sentimentos são o que transformam um ambiente definido por largura, profundidade e pé-direito no nosso ninho. Quanto mais colocamos nossa essência nas escolhas dos espaços, mais eles serão importantes para nós. É um processo de descobrimento, amadurecimento e transformação. Para melhor.

CASA ABERTA

IDENTIDADE

Os moradores que gostam de receber sempre estão preocupados em como acomodar mais pessoas. Nessas casas de portas abertas, tudo é flexível e os espaços se reconfiguram para acomodar todo mundo que chega. A primeira casa de muitos jovens tem essa energia pulsante, uma espécie de continuação da rua, onde os limites entre lá fora e aqui dentro não são tão definidos. Algumas famílias, mesmo com vários moradores, só veem sentido quando a casa recebe mais gente. As casas com criança são naturalmente assim. É impossível não notar a energia delas correndo pela casa, nos brinquedos aqui e ali e nos desenhos colados nas paredes. Um clima de festa desde quando acordam até pegarem no sono.

SIGNIFICADO

Esta casa existe para ser usada de maneira **coletiva**, um local para trocar ideias, compartilhar experiências, se divertir e viver em comunidade. A casa aberta está sempre em movimento e, por isso, nela existe uma **fluidez** natural dos móveis, tornando sua decoração **intuitiva**. Ela é mais **colaborativa** e **informal**, deixando as pessoas **à vontade** para se servir, para se acomodar melhor, mudando as coisas de lugar e arrastando um pouquinho os móveis para o bate-papo fluir ainda mais.

SOLUÇÃO

A casa aberta é bem-humorada e tecnológica, moderna e cheia de contrastes. Ela mistura cimento queimado, instalações aparentes, soluções descoladas e simples, e materiais urbanos, como plástico e metal, *street art* e neon. Os materiais de acabamento transmitem resistência e praticidade. O design das peças é leve, e sua função é híbrida, atendendo a várias funções.

IDENTIDADE

Para os moradores desta casa, ela é um lugar sagrado, um refúgio de reconexão consigo mesmo e com o universo. A casa é um local para acalmar e buscar equilíbrio diante da loucura de viver na cidade ou do excesso de trabalho. Para trabalhar, manter a casa organizada e ainda curtir a família ou mesmo sua individualidade, é preciso otimizar o tempo. Esta casa preza pelas soluções práticas e ideias de organização que descomplicam a vida. Em busca de viver o tempo real das coisas, muitas pessoas estão enchendo cada vez mais suas casas de plantas, um exercício de concentração perfeito para largar um pouco o celular e olhar mais para dentro de si e da natureza.

CASA NINHO

SIGNIFICADO

Esta casa é um **oásis de relaxamento**, um local onde as atividades pedem **concentração** e, por isso, o **silêncio** é valorizado. O espírito de uma casa que representa um abrigo justifica a busca pelas sensações de **proteção** e **segurança**. Nesta casa, apenas aquilo que toca a alma e é essencial deve permanecer. A organização é capaz de transmitir uma ideia de **paz** e **tranquilidade** muito desejada aqui.

SOLUÇÃO

A casa ninho é essencialmente sensorial, com acabamentos que estimulam o toque. Ela mistura todos os tipos de materiais naturais, como madeira, cerâmica, pedras e fibras naturais, e tem uma paleta inspirada na natureza e, claro, nas plantas. O design aqui é orgânico, com formas arredondas e, às vezes, delicado, e valoriza o trabalho manual e o artesanato.

CASA MEMÓRIA

IDENTIDADE

Para algumas pessoas, a casa só faz sentido quando os móveis revelam por si sós boas memórias. Aqui, a história que os móveis contam é um critério fundamental na hora de escolher o que entra na casa. A casa dos apaixonados por design, não importa sua profissão, é um instrumento de comunicação das suas experiências durante a vida com o mundo e, por isso, a identidade do espaço é sempre única. É a casa das pessoas comunicativas, criativas, curiosas e corajosas.

SIGNIFICADO

A decoração da casa memória carrega um enorme significado afetivo, uma coragem natural do espírito criativo e o respeito pelo passado. Esta casa carrega valores de sustentabilidade afetiva, cultural, social e ambiental, em que a história, o reúso, a reciclagem e as marcas do tempo são supervalorizadas.

SOLUÇÃO

Na casa memória, a única regra válida é combinar sem se prender a regras, deixar de lado a razão e focar no processo. Peças *vintage*, étnicas, artesanato e design contemporâneo se misturam à vontade, porque ser único é a marca registrada de todo ser humano.

02

Planejamento e Projeto

ORGANIZANDO AS IDEIAS

Todos me perguntam de onde vem tanta inspiração, mas decorar é um exercício no qual planejamento é tão importante quanto **criatividade**. Você precisa encarar a decoração da sua casa como uma lista de problemas (deliciosos) que você precisa resolver e, dessa maneira, as ideias vão fluir melhor.

Para facilitar um pouco esse processo, listei aqui as sete principais etapas do planejamento e do projeto de uma transformação que tem tudo para dar certo.

São elas: definir como você usa a casa, definir o que fica e o deve sair do espaço, organizar os móveis no ambiente, definir o esquema de cores, personalidade e materiais para o ambiente usando um *mood board*, organizar uma planilha de custos e, finalmente, fazer um plano de ações.

Todo esse processo ajuda a amadurecer as ideias antes de sair por aí executando, mesmo inseguro de suas ideias. Transformar a casa é fazer escolhas. Anote tudo e não tenha medo de errar enquanto planeja seu projeto. Esse é o momento pra isso.

CRIATIVIDADE

Criatividade é chegar a um lugar que conhecemos por um caminho novo. Gosto do exemplo da cuba de apoio no banheiro. Parece que não existia outra forma de resolver a bancada do banheiro até o dia em que alguém resolveu tirar a cuba de debaixo da pia e apoiá-la sobre a bancada. Tendemos a resolver problemas sempre do mesmo modo. Faz parte do nosso instinto repetir soluções e evitar a imprevisibilidade. Se ser racional é buscar zonas de conforto e segurança, ser criativo não significa dar um pulo no escuro, mas, sim, fugir das escolhas óbvias de maneira consciente, arriscar, experimentar, estar aberto ao novo sem preconceito. Criatividade é um exercício. Quanto mais você pratica, mais criativas são suas soluções.

7 PRINCIPAIS ETAPAS DE UMA TRANSFORMAÇÃO

1. COMO VOCÊ USA O ESPAÇO?

É normal que o uso dos ambientes mude com o tempo. Filhos crescem e saem de casa, trocamos de emprego, nossos interesses mudam e nossa casa também precisa acompanhar tais mudanças. Foque no processo e não no resultado, e se divirta com as alterações. É preciso estar aberto para conseguir enxergar as oportunidades. É muito comum encontrar a peça-chave do projeto quando e onde não estamos procurando. Mudar a casa é algo transformador não só para o espaço, mas também para seus moradores.

Antes de tudo, é importante entender como você gostaria de usar o ambiente. Pense em como o espaço é ocupado no dia a dia e não nas datas comemorativas. Potencialize ao máximo o uso do espaço com a transformação, aproveitando cada centímetro dele. Ou seja, quanto mais for usado, melhor. Quais as atividades que você gostaria de poder fazer ali e não consegue? O que o incomoda no ambiente? O que não funciona? O que poderia existir lá?

2. O QUE FICA E O QUE SAI?

Você não precisa começar sempre do zero. Procure dividir o que você já tem em quatro grupos: **ficar**, **reformar**, **doar** e **vender**. Pense que um móvel inútil em um cômodo pode ser muito útil em outro lugar da casa. Se pretende reformar, descubra se vale a pena financeiramente e do que ele precisa: um novo revestimento, uma nova pintura, ser fixado na parede ou, de verdade, mudar de cara e formato. Doar para quem precisa mais que você pode ser muito gratificante – e vender, um bom negócio.

3. COMO ORGANIZAR OS MÓVEIS?

Você tem três alternativas:

• Aprender a usar um escalímetro – uma régua específica para desenhar plantas em escala – e então desenhar a planta do ambiente em um papel para testar diferentes layouts, posicionando primeiro os maiores móveis do ambiente e o que deve ficar. Preste atenção à circulação, janelas e portas, insolação, pontos elétricos e hidráulicos, vigas, pilares, e por aí vai.

• Usar a técnica da fita crepe, reproduzindo exatamente as dimensões do ambiente e dos móveis em uma área grande como sua garagem, em uma rua tranquila ou no quintal. Isso pode ser muito divertido e dá uma boa noção da melhor disposição dos objetos.

• Esvaziar o ambiente, chamar alguém para ajudá-lo a testar a melhor posição dos móveis. Tanto aqui como na alternativa 2, é importante simular o que você não tem com caixas, cadeiras, mesas de apoio e circular pelo espaço para ver se funciona. É muito difícil encontrar uma planta perfeita onde tudo se encaixa, sem espaços ociosos e nada que precise ser redimensionado. Na dúvida, pesquise imagens com soluções existentes para um problema parecido com o seu. Liste os prós e os contras de cada configuração e escolha o melhor caminho.

4. QUAL SEU ESQUEMA DE CORES?

Se você já descobriu a identidade da sua casa e como vai usar o ambiente, defina agora se a cor predominante do ambiente será quente (tons de amarelo, laranja e vermelho) ou fria (violetas, azuis e verdes). Se você usar apenas variações de um só desses grupos, o resultado será sempre harmonioso, mas as combinações possíveis de cores são quase infinitas. Então, é claro que é possível misturar cores dos dois grupos.

Em busca de inspiração, abra primeiro seu guarda-roupa para entender a sua relação com as cores. Encontre um objeto, uma imagem, uma folha ou uma flor, qualquer coisa que tenha as cores que você gosta e compare-as com o catálogo de tintas. Se uma combinação de cores funciona em uma estampa ou fotografia que você curte, com certeza funcionará na sua casa também. Se tiver alguma dúvida na hora de comprar os testes, leve, no mínimo, três tonalidades da mesma cor.

Ter uma casa colorida não significa pintar todas as paredes, uma de cada cor. Apenas uma parede ou a porta do ambiente já podem trazer a quantidade de cor suficiente para você. Além das paredes, as cores podem aparecer nos revestimentos, móveis, objetos, quadros e acessórios. Ou seja, o importante é descobrir a porcentagem de cada cor que lhe agrada. O equilíbrio entre elas é o segredo dos esquemas perfeitos.

Na decoração, os neutros são os tons mais populares para as paredes. Além dos tradicionais off-white, cinza, preto, marrom e bege, eles também podem ter nuances de verde, roxo, rosa e azul. Independentemente da cor, teste sempre as tintas em uma área da parede antes de pintar tudo, pois todas as casas são diferentes e as cores sofrem uma enorme influência com as diferenças de luz durante o dia.

Não existe solução mais rápida e econômica para dar personalidade a um ambiente do que pintar as paredes. Cor e luz podem mudar completamente um espaço sem que nenhum móvel precise ser trocado de lugar ou qualquer revestimento seja colocado. No caso das cores, o melhor é sempre trocar o branco certo por algum neutro duvidoso. Você nunca saberá o verdadeiro efeito da cor escolhida até todo o ambiente estar pronto. E, se não gostar, é só pintar com outra cor por cima.

5. QUAL A PERSONALIDADE DO SEU AMBIENTE?

Decorar tem tudo a ver com imprimir seu estilo pessoal. Nossa casa é uma extensão da gente, capaz de contar a nossa história. Mas é preciso pesquisar. Vale ir para a rua, visitar lojas, mostras de decoração, comprar revistas, livros.

A inspiração pode vir de muitos lugares, coisas, lembranças ou sentimentos: praticamente tudo pode inspirar, inclusive o **Decora**. Contudo, não se prenda apenas a imagens de decoração. Existem duas maneiras de decorar: dentro da zona de conforto, reproduzindo ideias prontas; ou experimentando. E é claro que se arriscar é o melhor caminho para criar um espaço único.

Moda e arte, por exemplo, são ótimas fontes de inspiração para combinar cores e tecidos. Uma fotografia ou uma estampa podem ser o ponto de partida para o esquema de cores e texturas de um projeto.

Colecione suas referências da forma que você achar melhor. Vale recortar revistas, juntar amostras, salvar imagens em uma pasta. O mais importante é definir o que chama a sua atenção nas imagens durante a pesquisa. A luz, as cores? O clima, as plantas? O design dos móveis? A tranquilidade ou a alegria que são transmitidas?

MOOD BOARD

Juntar as imagens, as amostras e os objetos de maneira intuitiva pode ajudá-lo a entender o que você curte e o que pode funcionar ou não, além de permitir errar e mudar de ideia. Quando você fizer isso, terá criado o **seu** *mood board*, ou painel conceitual, tanto faz o nome. A seguir, o passo a passo de um *mood board* com as principais dicas de como montar um.

1

Comece pelas grandes superfícies do ambiente. Piso, paredes, teto, bancadas de cozinha e armários representam as maiores áreas dentro do espaço. Vão influenciar muito na composição. Não deixe de fora as cores e os materiais de revestimento desses itens.

2

Depois, adicione os acabamentos, materiais de revestimentos e até imagens do mobiliário que irá usar. Todo móvel tem um estilo único, e suas formas, seus elementos e desenho, e os materiais que o compõem são determinantes na identidade do ambiente.

3

Detalhes podem fazer muita diferença em um espaço. Insira os acabamentos metálicos, pequenos objetos decorativos e outros elementos que pretende usar, mesmo em menor quantidade. Não se esqueça das plantas, das luminárias e das cores existentes nos quadros.

6. QUANTO VAI CUSTAR?

Defina primeiro quanto você está disposto a gastar na transformação. Liste os materiais (pisos, móveis, tintas, luminárias, tecidos, persianas, almofadas, objetos etc.) e mão de obra (pintor, eletricista, estofador, marceneiro, transporte, faz-tudo etc.).

Se você não puder ou não quiser esperar, invista em soluções baratas e faça tudo o que planejou buscando opções que farão diferença e custam pouco. Se tiver mais paciência, experimente e compre aos poucos, começando pelos itens maiores do ambiente.

Não se preocupe em transformar toda a casa de uma só vez. Tudo bem ir fazendo cômodo a cômodo, conforme suas economias, seu tempo e a ordem de importância do espaço dentro da casa. Se a ideia for renovar mais de um cômodo e, para isso, precisar envolver pedreiro, eletricista, pintor ou qualquer atividade que faça muita sujeira, é mais econômico fazer pelo menos essa parte estrutural de uma só vez.

O processo pode ser muito legal, mas estipule um prazo para terminar. Costumo dizer que não existe uma casa pronta – ela está em constante mudança. Mas não é por isso que a casa precisa parecer sempre inacabada ou improvisada.

Com o tempo, vamos depurando o que temos e ficando com o que realmente importa e funciona para nós. Sempre existirão outros lançamentos, coisas novas que traremos de viagem ou que serão mais úteis ou terão um significado mais importante para nós em cada momento da nossa vida.

7. COMO COLOCAR A TRANSFORMAÇÃO EM PRÁTICA?

É hora de colocar a mão na massa. Transforme a lista de materiais e mão de obra em um plano de ação. Isso significa detalhar tudo o que você precisa fazer para que a transformação aconteça, incluindo os responsáveis, prazos, custos e como monitorar essas entregas. Sim, isso requer muita organização, mas essa lista o ajudará a entender a dimensão física e financeira da nova decoração. Se mudar de ideia durante o caminho, reveja o impacto de cada item do planejamento nas demais atividades e no ambiente. Uma mesa um pouco maior do que o planejado comprada em uma promoção, por exemplo, pode roubar o espaço do sofá que você já tem e obrigá-lo a comprar um sofá novo.

03

Chegar, Relaxar e Receber

HALL E SALA DE ESTAR

Entrar na nossa casa é uma sensação difícil de explicar. É ótimo sair para um passeio ou uma viagem, mas voltar para o nosso lar é maravilhoso. Não importa se a sua casa tem um corredor, um hall ou simplesmente uma porta que se abre direto para a sala ou para a cozinha. Sempre chamamos esse espaço de hall de entrada. Comece a transformação da sua casa criando uma sensação de "Enfim, cheguei!". Algumas pistas do que virá pela frente na decoração vão fazer você entrar em casa todos os dias com o pé direito.

Logo vem a sala. Esse é um ótimo lugar para relaxar, reunir a família e receber os amigos. A melhor decoração que existe é aquela que nos deixa à vontade. Em geral, a sala é o maior ambiente da casa e, por isso, é capaz de ser usada para várias atividades ao mesmo tempo, dependendo de sua **flexibilidade**. Além de relaxar e receber, podemos trabalhar, comer, ver TV e brincar aqui. Assim, como se trata de um ambiente de transição para os quartos e está sempre à vista, é importante que ela seja confortável, bem iluminada e que esteja sempre organizada, mesmo durante a semana, quando temos menos tempo para esses momentos.

FLEXIBILIDADE

Flexibilidade é a capacidade que a nossa casa tem de acompanhar as mudanças da nossa vida, sejam elas temporárias, como a visita de hóspedes, ou definitivas, como a chegada de um novo membro, a partida de outro, uma nova profissão e até a mudança para um novo apartamento. Os móveis flexíveis têm a capacidade de se adaptar a essas mudanças, podendo ser usados em novos cômodos e até com uma nova função. Como nossa vida muda cada vez mais rápido, considere isso na hora de escolher o mobiliário. Flexibilidade é muito mais do que uma rodinha debaixo da mesa de centro.

HALL

BOAS-VINDAS

Revestir a parede da entrada da casa de cortiça pode ser uma maneira divertida e dinâmica de expor cartões, fotos e lembranças. Uma imagem, frase ou algo que reforce a ideia de que você está de volta ao melhor lugar do mundo estimula todos que entram a abrir um sorriso.

MÓVEIS BÁSICOS

Mesmo sem um área grande o suficiente para dispor móveis junto a porta de entrada é possível criar um hall bem funcional usando esses elementos: aparador ou cômoda, espelho, luminária, bandeja para pequenos objetos, cadeira ou banco e ganchos na parede.

BEM-VIND
RESPEITE
UM CARRO
A MENOS
SOBREBARRA

DIA DE FESTA

Quando for receber visitas em casa, leve uma ou duas cadeiras da mesa de jantar para perto da porta de entrada. Elas vão otimizar o espaço e podem servir de apoio para bolsas e casacos, além dos ganchos já existentes na parede.

HALL CORREDOR

Se a parede começa no hall e termina na sala, ela pode ser revestida de fora a fora com o mesmo papel de parede ou pintada com a mesma cor. Isso ajuda a ampliar o hall e integrar os dois ambientes.

ESPELHO

Na hora de sair, um espelho sempre ajuda naquela última ajeitada no visual. Além disso, o reflexo tem a qualidade de ampliar visualmente o espaço em corredores estreitos e escuros que não possuam iluminação direta.

GANCHOS

Sempre estamos carregando alguma coisa quando saímos ou entramos em casa. Além dos ganchos, cestos e caixas também ajudam a organizar sapatos ou jornais que costumam ficar espalhados pela entrada.

DECORAÇÃO

Um banco ou uma cadeira podem ser a peça que vai dar identidade para esse espaço e ajuda na hora de tirar e colocar os sapatos. Fotografias criam um clima de galeria. Já que essa área é pequena, coloque nas paredes quadros com detalhes que só podem ser vistos bem de perto.

HALL ESCADA

Para quem mora em coberturas e sobrados, é importante não considerar escadas apenas como um local de passagem. Uma pintura com "efeito caixa" nas paredes e no teto moderniza o desenho do guarda-corpo e um pôster centralizado cria um ponto de interesse imediato para essa área.

FUJA DO TRADICIONAL

Se o objetivo é transformar a experiência de subir uma escada em algo mais divertido, um remo, uma corda ou um pedaço de tronco mais rústico podem fazer as vezes do tradicional corrimão.

SOFÁ

COMECE POR ELE

Provavelmente essa será a maior e mais cara peça da sua sala. Então, faz todo sentido começar a decoração desse espaço escolhendo o modelo do sofá. Compre o melhor sofá que couber no seu orçamento, pois ele o acompanhará por muito tempo.

DICAS PARA COMPRAR SOFÁS

1

DESIGN: Os formatos mais retos e simples são atemporais e podem ser sempre renovados trocando o tecido. Apesar do trabalho ser muito artesanal, ainda é possível encontrar bons tapeceiros que reformam um sofá por um custo menor do que o de uma peça nova.

2

TECIDO: Não escolha o tecido apenas pela cor. A resistência a manchas tem mais a ver com a composição do tecido e impermeabilização do que com uma cor clara ou escura. As fibras sintéticas (poliéster, viscose e náilon) são mais fáceis de limpar do que as naturais (algodão, linho e seda).

3

ESTRUTURA: É importante que a madeira utilizada na estrutura seja tratada. Costumamos sentar sempre no mesmo lugar, o que acaba deformando a espuma. Os modelos que combinam molas ajudam a manter a forma original por mais tempo.

4

CONFORTO: Para algumas pessoas, conforto é se esparramar; para outras, é ter estrutura para as costas. Por isso, é importante experimentar. Os modelos com braços mais largos são ótimos para apoiar a cabeça, se você gosta de deitar no sofá, mas eles roubam espaço. Se a profundidade for grande, invista em almofadas soltas para apoiar as costas quando estiver sentado.

5

CRIANÇAS E ANIMAIS: Sofás com capas removíveis são ótimos para casas com filhos pequenos, cachorros que sobem no sofá e pessoas que gostam de comer assistindo à TV. O ideal é ter uma capa reserva enquanto uma delas estiver na lavanderia e escolher tecidos pré-encolhidos. Os tecidos mais leves têm um caimento melhor e as capas brancas (sim, brancas!) respondem melhor aos produtos tira-manchas sem desbotar. Se o problema for as unhas dos gatos, escolha tecidos sem tramas: camurça ou couro sintéticos.

SOFÁ-CAMA

CAMA, EU?

Sofá-cama é uma ótima solução para otimizar o uso dos ambientes reservados para receber hóspedes, mas, enquanto estiver sendo usado como sofá, trate-o como um: decore com almofadas ao longo de todo o encosto, mantenha as roupas de cama guardadas no armário mais próximo e tenha sempre uma capa com zíper para o colchão feita com tecido mais encorpado.

VISITAS NA SALA

Se o sofá-cama for o sofá principal da casa, priorize o conforto e a versatilidade de objetos que funcionem bem para o dia e para a noite: tenha mesas leves de apoio que possam funcionar como criado-mudo para os hóspedes e luminárias próximas do encosto para funcionar como abajures.

MANTAS E ALMOFADAS

Os detalhes macios, como mantas, almofadas e cortinas, também deixam os ambientes visualmente mais confortáveis. Eles estão entre os itens mais baratos da decoração e, por isso, são fáceis de trocar de tempos em tempos.
Essa é uma ótima maneira de dar um visual novo para a sala sem gastar muito, especialmente se as peças maiores forem mais neutras.

POLTRONAS E ASSENTOS EXTRAS

DESIGN

Os assentos extras são uma ótima maneira de dar personalidade para a sala e também uma forma de expressar a personalidade dos moradores. É mais fácil usar cores e estampas nesses móveis menores, e é possível trocá-los depois de um tempo para dar uma cara nova à sala.

COR

Muitas pessoas dizem gostar de cor, mas têm medo que o ambiente fique cansativo. A questão é a proporção de cor que você põe no ambiente. Opte por uma base mais clara e neutra em que pisos, paredes e sofás são neutros, e crie coragem para usar sua cor preferida nos móveis menores.

CASA CHEIA

Além do sofá, poltronas dobráveis, pufes, bancos, balanços e até as redes ajudam a acomodar todo mundo quando a casa está cheia.

ILUMINAÇÃO NATURAL

CORTINAS E PERSIANAS

Se for bem controlada, a luz natural tem a capacidade de deixar os ambientes muito confortáveis. Além de filtrar a luz, as cortinas e persianas suavizam o aspecto sólido das paredes.

MODELOS

Escolha cortinas de modelos simples, sem muitos efeitos, pregas ou detalhes. Os tecidos mais leves e com toque natural deixam o ambiente mais leve. Uma cortina colorida ou estampada sem dúvida não passará despercebida na sala, mas, dependendo do tamanho da janela, você precisará de muitos metros de tecido. Por isso, considere o investimento.

ILUMINAÇÃO ARTIFICIAL

DIVERSIDADE

Quanto mais fontes luminosas existirem na sala, mais ela se tornará um lugar aconchegante e funcional para acomodar todas as atividades que você pretende realizar ali.

DICAS PARA COMPRAR LUMINÁRIAS

1

Faça uma lista de tudo o que você quer fazer no ambiente: ler, ver TV, receber amigos, destacar algum objeto, textura ou parede.

2

Depois, defina como vai fazer isso. Ou seja, qual o efeito luminoso que você vai utilizar: direto ou focado, indireto, direcionável, linear ou difuso.

3

Agora, sim, você pode escolher a luminária para isso: abajur, coluna, spot, arandela, pendente ou fitas. E, logo em seguida, determinar a melhor lâmpada para cada modelo.

LUZ FUNCIONAL

Todo ambiente precisa de uma fonte luminosa funcional para a hora da limpeza. O plafon central deve ser capaz de iluminar o espaço para isso, e a iluminação decorativa deve ser suficiente para manter o plafon apagado na hora de relaxar e receber.

SPOTS

Com exceção dos banheiros e da cozinha, onde a disposição dos móveis não muda com facilidade, as luminárias embutidas no forro de gesso não costumam acompanhar as mudanças em nossas salas ao longo dos anos. Portanto, invista em trilhos com spots articulados e direcione o foco de luz exatamente para o lugar desejado a cada mudança de disposição de móveis e objetos da sala.

LUZ IDEAL

A iluminação na altura dos olhos, feita com abajures e luminárias de mesa, é a ideal para criar uma atmosfera mais confortável para conversar e deixa o ambiente dinâmico, pois chama a atenção para diferentes pontos.

ABAJUR

Colocar um abajur em cada lateral do sofá é uma das maneiras mais fáceis de criar uma iluminação aconchegante na sala. Mas a questão é: os sofás estão cada vez maiores e as salas, menores. Então, a solução podem ser arandelas, pendentes ou luminárias de piso com base que se encaixem sob o sofá.

TAPETE

TAMANHO

O tapete ajuda a delimitar visualmente a área de estar. Uma boa dica na hora de escolher o tamanho certo para sua sala é verificar se as pernas da frente do sofá e das poltronas estão sobre ele. Se o tapete for muito pequeno, é possível colocar um maior sob ele ou mesmo compor mais de um modelo no mesmo ambiente. Para isso, escolha modelos no mesmo estilo.

TOQUE FINAL

Se a ideia é trazer suavidade para o ambiente, assim como as cortinas, os tapetes também cumprem muito bem essa função. Costuma-se dizer que os dois "vestem" os ambientes. As fibras naturais, como o sisal, são menos resistentes, mas não demandam grandes investimentos.

COR E PADRÃO

Um modelo colorido pode ser um bom ponto de partida para definir as cores que você vai usar no projeto. Assim, ele se torna uma peça de conexão entre todos os elementos da decoração: piso, poltronas e quadros.

LISOS

Os modelos lisos são ideais quando o sofá, as almofadas ou as paredes são coloridos ou estampados.

GEOMAPAS
BRASIL
Geopolítico
TROCA
DE LIVROS

GRAFISMOS

Os modelos claros e com estampas gráficas também ajudam a iluminar o ambiente, pois é comum termos tanto de dia como à noite iluminação direta sobre eles.

MESAS DE CENTRO E DE APOIO

MESAS DE CENTRO

As mesas de centro mais baixas dão um visual mais moderno para a sala. As maiores são ótimas para decorar, mas escolha poucos elementos: uma bandeja ajuda a dar unidade aos objetos de decoração pequenos e com formas e alturas diferentes; já os cestos e as caixas organizam controles e papéis ou objetos que ainda precisam ser guardados.

MESAS DE APOIO

Se a mesa de centro for muito grande, ela se torna um obstáculo visual para o bate-papo. No lugar dela, escolha mesas de apoio que possam andar pelo ambiente. Deixe-as mais próximas do sofá no dia a dia e espalhadas entre os assentos quando for receber visitas.

APOIOS FLEXÍVEIS

Bancos também funcionam superbem como pequenas mesas de apoio, além de servirem de assento extra para a mesa de refeições no dia que a casa estiver cheia.

RACK

USO

Em muitas casas, toda a decoração da sala é pensada para o momento em que estamos assistindo ao Decora, ops, à TV. Nenhum problema nisso. Mas, na hora de escolher o rack, pense se essa será a única atividade que vai rolar ali.

TAMANHO

Considere a real necessidade de comprar um grande rack. Com racks menores, você ganha espaço para uma poltrona, bancos ou pufes, e assim acomoda mais pessoas na sala.

SUPORTES

Com televisões cada vez mais finas e equipamentos cada vez menores, substitua o rack por suportes articulados de parede. No final, nichos ou prateleiras são mais que suficientes para acomodar os equipamentos.

FIOS

Se você não quiser encarar uma miniobra para embutir os fios na parede, considere deixar eletrodutos metálicos aparentes fixados à parede e próximos aos equipamentos. Pinte-os da mesma cor da parede e pronto, sumiram!

ARMÁRIOS, NICHOS E ESTANTES

MARCENARIA PLANEJADA

É normal um objeto ou outro estar temporariamente fora do lugar, principalmente na sala, onde a ideia é mesmo relaxar. Porém, a bagunça descontrolada pode ser bem estressante. Armários planejados podem organizar muitas coisas diferentes, e também servir como banco na frente do sofá.

TAMANHO

Os racks não são o único móvel que você pode usar na sala para apoiar a TV, expor seus objetos e armazenar coisas. Os nichos, com ou sem portas, e prateleiras com objetos organizados em caixas são ótimas ideias para liberar mais áreas de circulação.

ACABAMENTOS

A televisão é um retângulo escuro e desinteressante na sala quando está desligada. Se sua estante ou parte da parede tiverem a mesma cor que a televisão, ela não se destacará tanto na decoração enquanto não estiver sendo utilizada. São seus objetos, livros e coleções que merecem ganhar destaque na decoração.

BRINQUEDOS

Uma das minhas melhores memórias da infância é brincar com meu irmão de carrinho debaixo de uma samambaia de metro que minha vó tinha na sala de TV. Suas folhas encostadas no chão criavam uma cabana natural perfeita. Crianças gostam de brincar em lugares inusitados, e é claro que a sala está cheia desses cantinhos. Crie lugares seguros e de fácil acesso para elas organizarem seus brinquedos. Caixas leves e estantes com nichos são ótimas para organizar e esconder rapidamente a bagunça de brinquedos. Para aumentar a segurança, parafuse-as na parede.

PAREDES

RELAXE

Para relaxar, precisamos de mais do que uma poltrona confortável. O prazer que sentimos quando contemplamos alguma coisa bonita é também uma ótima maneira de desestressar.

PONTO FOCAL

O ponto focal é o lugar para onde nossa atenção se volta assim que entramos no espaço. Em geral, uma composição de quadros na parede é um ótimo recurso para criar esse efeito, mas um tapete estampado também cumpre bem esse papel.

Uma composição de quadro, poltrona e mesa de apoio, luminária ou planta diante de uma parede pode criar uma atmosfera na sala perfeita para orientar a visão de quem entra no ambiente. Criar um ponto focal em cada ambiente da casa é importante, mas, em um espaço grande como a sala, sua função é criar um ponto de conexão visual.

COLEÇÕES

Expor uma coleção de objetos também é uma maneira carinhosa de dividir com as pessoas que frequentam a sua casa aquilo que o faz feliz.

DICAS DE COMO EXPOR COLEÇÕES

1

Use gravuras, pôsteres e fotos para criar facilmente um ponto focal. O centro da composição deve estar um pouco abaixo da altura dos seus olhos.

2

Procure agrupar objetos que tenham um tema em comum: cor, textura, formato, material ou design. Assim, suas peças ganham mais força, seu espaço se torna naturalmente mais organizado e o impacto é maior.

3

Valorize composições de quadros e objetos com uma iluminação focada por spots direcionáveis ou usando luminárias próximas delas.

4

Distribua espelhos, gravuras e fotos ao longo da parede de maneira isolada ou em grupos, mas alinhados por um eixo horizontal que passa pelo centro dos objetos.

ENTRE QUATRO PAREDES

Em geral, a sala é o maior ambiente da casa. Isso significa que você tem distância para observá-la. Pense em todas as paredes do ambiente criando áreas de maior e menor interesse.

VARANDAS

EFEITO QUINTAL

Toda varanda é capaz de criar um clima de quintal dentro do apartamento. Existem vários tipos de decks modulados no mercado. São fáceis de tirar para limpeza e estendem visualmente o piso da sala. Se a ideia for integrar amigos fora e dentro da sala, use bancos com a mesma altura do assento do sofá e os posicione de costas para o guarda-corpo. Use prateleiras para criar mais apoio para os vasos e liberar o piso.

DECORAÇÃO

Incremente a parede sobre a pia com utensílios funcionais para cozinhar e servir. Já que a maioria dos condomínios não permite pintar essas paredes, invista em peças decorativas.

VARANDA NÃO É LAVANDERIA

Usar o espaço da varanda como apoio da lavanderia, principalmente para secar roupas em varais de piso, é mesmo muito prático, mas delimite essa área isolando visualmente com um biombo ou uma cortina leve. Essas divisórias também ajudam a criar um fundo para outros móveis, como pequenas mesas que podem servir para comer, trabalhar e como apoio na hora de receber.

DICAS PARA SALAS DE ESTAR PEQUENAS

1

Os sofás, racks e poltronas com pés aparentes ampliam a sensação de espaço, pois não interrompem visualmente o plano do piso.

2

Se o pé-direito da casa for baixo, jogue a iluminação para o teto, ampliando a sensação de volume do ambiente. Escolha arandelas ou luminárias de piso no lugar de abajures em mesas laterais.

3

Escolha um rack com a menor largura possível e posicione-o ao lado de uma poltrona. O melhor lugar para os assentos extras além do sofá é na lateral à frente dele.

4

Substitua racks por nichos e prateleiras que podem estar no alto ou na lateral da televisão.

5

As persianas horizontais e os modelos rolô não ocupam tanto espaço, pois são recolhidas em direção ao teto e não precisam ir até o chão. Além disso, combinam com vários estilos de decoração.

6

Esqueça a mesa de centro e libere o meio da sala. A circulação fica mais fluida, sentar e levantar fica mais fácil, crianças podem usar mais esta área para brincar e você ainda tem espaço para uma pistinha de dança.

7

Se for usar tapetes, prefira os claros ou em tons bem próximos do piso existente para não perder a sensação de continuidade do piso.

8

Escolha um piso que possa ser usado em toda a casa para integrar os ambientes, incluindo áreas úmidas, como cozinha e banheiros, se o piso for frio.

9

Use papéis de parede com fundo branco para criar a sensação de perspectiva no ambiente. Aposte também em gravuras claras com molduras escuras para criar a ilusão de janelas no ambiente.

10

Considere a parede atrás do sofá para armazenar, montar um pequeno jardim, expor seus objetos pessoais e apoiar copos e controles dos equipamentos.

04

Comer e Trabalhar

SALA DE JANTAR

A sala de jantar como um ambiente isolado quase não existe mais nos apartamentos. Hoje ela está integrada à sala de estar ou foi incorporada pela cozinha, mas a mesa continua lá. É verdade que os horários das refeições mesmo entre os moradores da casa pode variar, e assim o lugar onde comemos também, mas a mesa continua sendo um elo entre as relações tão forte como o sofá e as poltronas. É o móvel feito para **compartilhar**. Uma vez sentados em volta da mesa, é normal continuarmos por ali mesmo após a sobremesa e o cafezinho.

Resolvi juntar comer e trabalhar no mesmo capítulo pois para muitas pessoas o melhor lugar para trabalhar em casa são as áreas bem iluminadas, amplas, uma boa vista e próximo das plantas. E é justamente aí onde, em várias casas, está a mesa de refeições. Ela também pode servir para as atividades manuais e para as crianças fazerem tarefa quando não há espaço para isso no quarto.

COMPARTILHAR

Compartilhar é um dos legados mais importantes da era digital em que vivemos. Entre todas as funções do design, promover a coletividade é, sem dúvida, um dos mais fundamentais. O fato de um móvel ou ambiente poder ser compartilhado é um ótimo critério para escolher como ocupar cada espaço da casa. Viver de maneira compartilhada é mais sustentável, promove a socialização e a colaboração entre os usuários. Com áreas cada vez menores nas novas moradias, pensar nas diversas possibilidades para cada ambiente potencializa seus usos.

MESAS

TAMANHO E DESIGN

Comece a pensar nesse ambiente definindo a mesa, o maior móvel do espaço. O formato da sala é uma pista do melhor modelo e tamanho da mesa de refeições para o seu ambiente. As áreas retangulares e estreitas pedem mesas nesse mesmo formato. Busque mesas com design mais simples e atemporal. Se você está pensando em se mudar nos próximos anos, escolha modelos mais baratos e invista nas cadeiras. É mais fácil elas se adaptarem a um novo formato de mesa do que a mesa a um novo formato de sala.

PÉ CENTRAL

Este tipo de mesa deixa o visual das cadeiras em torno dela mais limpo. Além disso, dá mais liberdade para as pessoas entrarem e saírem da mesa, arrastando as cadeiras sem obstáculos.

OVAIS E REDONDAS

As mesas ovais ou redondas são mais fáceis de acomodar cadeiras com braço, que, em geral, são mais largas que as tradicionais.

CADEIRAS

MODELOS

Defina as atividades que pretende realizar na mesa para encontrar a cadeira perfeita para a sua casa. Muitos designers dizem que a cadeira é uma das peças mais difíceis de se desenhar, e o grande número de modelos já existentes não é a única explicação para isso. É preciso considerar uma série de fatores na hora da escolha: medidas de altura, largura e profundidade, assim como a inclinação e o formato do encosto e do assento, além dos materiais de acabamento. Todas essas características estão ligadas diretamente àquilo que é mais confortável para cada pessoa.

MISTURE

Com tantas opções pela frente, é difícil escolher apenas um modelo. Se essa for a sua angústia, ok, escolha todas! Uma dica para ter vários modelos diferentes de cadeira em volta da mesa é criar uma sensação de unidade escolhendo todas da mesma cor. Se a indecisão for a cor, escolha um só modelo e varie a cor. Não tem erro.

MEMÓRIA AFETIVA

Cadeiras são móveis com muita personalidade. Alguns modelos são bastante conhecidos e estão disponíveis no mercado há décadas, o que mostra a profunda memória afetiva que podemos ter com o design. Essa relação pode pesar consideravelmente na hora da escolha, pelo simples prazer de ter em casa algo que tanto nos represente.

BANCOS

Eles são uma ótima solução para multiplicar o número de assentos em volta da mesa. A altura deve ser a mesma do assento das cadeiras. Se o banco tiver uma parte de apoio para as costas, sua profundidade deve ser maior que a da cadeira, para permitir o uso de almofadas no encosto, o que deixará o banco bem mais confortável.

CANTO ALEMÃO

O canto alemão é uma ótima solução para áreas de refeição permitindo acomodar mesas maiores em espaços pequenos ou mais pessoas do que numa mesa convencional. Pode ser criado com um sofá ou banco junto à parede, trazendo a mesa para mais perto dela e por isso também libera uma melhor área de circulação. O banco quando planejado pode servir como uma opção de armazenagem, seja como baú ou nichos abaixo do assento. Permite que ainda mais pessoas se sentem à mesa e são mais estáveis para as crianças.

ILUMINAÇÃO

MODELOS

É possível iluminar a mesa de muitas maneiras. Se ela costuma ficar no mesmo lugar, os pendentes são uma boa opção. Se você costuma mudá-la de posição, seja porque tem um tampo extensível ou porque a sala é utilizada de muitas formas diferentes, prefira as luminárias de piso, articuladas de teto ou parede.

BUFFETS, ESTANTES E CARRINHOS DE CHÁ

BUFFETS

Eles são perfeitos para quem precisa de uma área extra de estocagem para louças, toalhas e acessórios para mesa. Mantém paredes liberadas para quadros e criam uma área de apoio para expor grandes objetos de decoração, coleções e plantas, além de possibilitar a criação de um ponto focal próximo à área das refeições.

CARRINHOS DE CHÁ

Crie um canto para o café perto da mesa. Os carrinhos de chá são ótimos para isso, pois trazem essa ideia de mobilidade e deixam as visitas à vontade para se servirem. Ele será bastante utilizado se a mesa também for usada como uma área de trabalho. Sem precisar ir até a cozinha para tomar um café enquanto trabalha, você se mantém mais concentrado.

ESTANTES

Cristaleiras, armários ou estantes podem servir de apoio para a mesa, mas também como um local de estocagem multifuncional para os itens que usamos na sala de estar e jantar. Se a sua cozinha não tem espaço para mesa, pense em guardar ali tudo aquilo que não precisa voltar para a cozinha: temperos, guardanapos, louças, toalhas e jogos americanos. Se seus copos, taças e louças são bonitos, decore sua estante com eles. Porém, é mais prático e fácil de manter limpo apenas aquilo que você realmente usa no dia a dia.

ESTOCAGEM

A vantagem dos buffets em relação aos aparadores é justamente a existência de portas e gavetas, onde o ideal é armazenar os utensílios, louças e talheres usados à mesa. Nas casas com muitas pessoas, é muito mais fácil montar a mesa com esse apoio por perto.

MESA BAR

Se a mesa for pouquíssimo utilizada, aproveite a superfície de apoio para outras funções, como montar um bar, se você gosta de receber. Nesse caso, para liberar a superfície na hora de servir as refeições, o ideal é usar grandes bandejas para reunir os itens que ficam dispostos ali em cima diariamente. Procure trabalhar com alturas diferentes, compor com objetos de decoração e destacar o local à noite com uma luminária de mesa ou parede.

HOME OFFICE

PRODUTIVIDADE

Muitas pessoas optam por trabalhar em casa para ter uma qualidade de vida melhor, seja para evitar o tempo gasto se locomovendo pela cidade, seja para acompanhar mais de perto a educação dos filhos. Não importa qual a natureza do seu trabalho, horário ou tipo de remuneração, o importante é que ele seja feito em um lugar agradável e funcional para que seja o mais produtivo possível.

DICAS PARA TRABALHAR NA MESA DE JANTAR

1

Organize objetos e acessórios de trabalho em caixas e bandejas e mantenha a superfície da mesa o mais livre possível, para que ela possa facilmente ser usada para servir as refeições.

2

Crie áreas de estocagem próximas à mesa para guardar o laptop, arquivos, livros e outros equipamentos e objetos que sejam utilizados durante o trabalho.

3

Escolha um pendente que produza uma boa iluminação sobre a superfície de trabalho e complemente com uma pequena luminária de mesa, se for preciso.

4

Tenha, pelo menos, um modelo de cadeira de escritório à mesa. Os melhores modelos permitem regulagem de altura do assento e dos braços e inclinação do encosto.

DESCOMPRESSÃO

Hoje em dia, os celulares, tablets e computadores sem fio permitem que você mude a posição do seu corpo ao longo do período de trabalho, e isso é extremamente saudável para quem trabalha durante várias horas seguidas. Contudo, volte para a mesa para as tarefas que exigem mais concentração.

FILHOS POR PERTO

Crie uma área de apoio para seus filhos próximo da mesa de trabalho. As crianças se sentem seguras perto dos pais e ficam mais concentradas quando têm uma área exclusiva para elas.

ESCONDA A BAGUNÇA

O design da sua bancada de trabalho pode permitir que o tampo fique aberto enquanto você estiver trabalhando e seja fechado sem precisar remover tudo que estiver sobre a mesa. Assim, você esconde temporariamente a bagunça sem precisar ter que guardar tudo em armários.

ORGANIZAÇÃO

Se o seu trabalho exigir muitos equipamentos, ferramentas, papéis ou objetos, planeje uma bancada integrada a um armário com prateleiras, gavetas e portas.

ILUMINAÇÃO

Escolha sempre uma área próxima à entrada de luz natural e tenha uma fonte de iluminação artificial adequada para seu tipo de trabalho. Se sua bancada for feita sob medida, é possível planejar gavetas na espessura do tampo.

DICAS PARA SALAS DE JANTAR PEQUENAS

1

Tenha o menor número de cadeiras com encosto possível e crie assentos extras com bancos que também servirão de mesas de apoio no dia a dia.

2

Use cristaleiras ou armários compactos e verticais para guardar as louças do dia a dia e organizar a área de estocagem próxima à mesa.

3

Posicione a mesa e o sofá mais próximos da entrada da sala. Já a cama e o armário devem ficar próximos da janela para diminuir a circulação de visitas pelo quarto.

4

As mesas redondas e com pé central ou extensíveis são melhores para acomodar mais pessoas quando for preciso.

5

Luminárias de piso permitem que mesmo que a mesa seja mudada de lugar, seu tampo continue sendo iluminado – basta trocar a luminária de posição.

6

Prefira os modelos de cadeiras sem braço e empilháveis para não perder espaço à mesa. As cadeiras dobráveis, quando não utilizadas, podem ficar presas na parede, liberando completamente o piso.

7

Libere o tampo da mesa usando pequenas estantes na parede para acomodar louças, utensílios de mesa e objetos de decoração.

8

Se a sala for estreita e comprida, considere uma pequena mesa ao lado do sofá. Ela também pode funcionar como apoio lateral.

9

Pense na varanda, mesmo que pequena, como sua área de refeições. Vivemos em um país tropical e, na maior parte do ano, a temperatura é agradável ali.

10

Considere não ter mesa, e invista em um belo tapete e uma mesa de centro baixa para receber e comer. É informal, mas, em muitos países, essa é a maneira mais comum de fazer as refeições.

05

Cozinhar

COZINHA

Onde está todo mundo? Na cozinha!

Faz parte da nossa cultura, da nossa **brasilidade**, receber na cozinha, reunir os amigos em volta do fogão, fazer refeições rápidas e até trabalhar enquanto a comida está no fogo. Esse pode ser o local mais afetivo da casa para muitas famílias e, quanto mais tempo passamos aqui, explorando ingredientes e cozinhando, melhor nos alimentamos.

Porém, a "cozinha de estar" precisa de muito planejamento, começando pela escolha e posicionamento dos eletrodomésticos, a bancada da pia ideal para cada pessoa, já que todas têm prós e contras, e, em tempos de cozinhas tão compactas, o melhor aproveitamento de espaço com armários, sejam eles planejados ou não.

BRASILIDADE

Somos um povo multicultural e, por isso, misturamos linguagens, estilos e materiais com liberdade. Nossa regra é não ter muita regra. Uma das nossas marcas registradas é transformar materiais e problemas ordinários em soluções extraordinárias, graças à nossa informalidade e ao nosso bom humor. Natureza e música são grandes fontes de inspiração para o nosso país. Outra característica marcante do Brasil é o rico artesanato, que nos permite transitar com facilidade entre o étnico e o urbano.

DICAS PARA TRANSFORMAR SUA COZINHA

1

Defina todos os eletrodomésticos, inclusive os pequenos. Eles vão definir planta, medidas dos armários, desenhos de bancada, iluminação e toda a infraestrutura elétrica e hidráulica.

2

Uma cozinha funcional começa com a distribuição inteligente das três principais áreas de trabalho: pia, geladeira e fogão. A disposição dessas áreas deve formar um triângulo na planta, sendo cada uma delas uma das pontas da figura geométrica. Os triângulos menores, com lados iguais e sem obstáculos entre suas pontas, resultam em cozinhas mais práticas.

3

A geladeira funciona como área de despensa no dia a dia e é por onde se costuma começar o processo de escolha do cardápio. Ela deve estar perto da porta de entrada e ser acessível a todos que estão usando o espaço, até para quem não cozinha.

4

Perto da pia é onde acontecem as atividades de lavar, cortar, temperar e montar os pratos antes do cozimento. É nesse momento que mais usamos a bancada, o lixo, e começamos a tirar das gavetas, armários e prateleiras as louças, pequenos eletrodomésticos e utensílios para isso. Quanto mais iluminação natural e artificial essa área tiver, melhor.

5

O fogão é a área que exige mais segurança e ventilação. Ali acontecem as últimas etapas de preparo do alimento, seja usando os queimadores ou o forno. Durante esse processo podemos voltar várias vezes para a geladeira e a pia. Mas até a comida chegar à mesa, é muito mais fácil realizar todas essas pequenas tarefas se o acesso a tudo que precisamos for descomplicado.

LAYOUTS

LINEAR

Este tipo de cozinha, em que as três áreas estão alinhadas, é uma ótima solução para um ambiente estreito e comprido. Nesses casos, defina a área de bancada entre a geladeira e a pia para lavar e secar as louças. E, quanto maior for a área entre a pia e o fogão, mais fácil será trabalhar. Nessas cozinhas, a parede oposta à pia pode ser usada como uma área de estocagem de louças, pequenos eletrodomésticos e mantimentos. Se a cozinha tiver espaço suficiente, uma mesa ou um balcão serão úteis para fazer refeições rápidas sozinho ou a dois.

COZINHAS EM "L"

Este tipo de cozinha permite bancadas de trabalho maiores e mais pessoas cozinhando ao mesmo tempo. Há várias soluções para evitar espaços mortos no encontro entre as duas paredes. As ferragens em formato de carrossel, que se projetam para fora do armário, são a solução menos econômica e mais tecnológica. Porém, a solução mais simples e barata ainda é guardar nessa área, dentro de prateleiras, os utensílios menos utilizados.

ILHA

Uma cozinha com ilha nem sempre precisa de um espaço tão amplo. É o formato da planta e a posição das portas no ambiente que vão permitir a criação ou não de uma ilha. Em uma cozinha quadrada, por exemplo, com portas paralelas em paredes opostas, a ilha surge como parte do tampo em U, sobre o qual o cooktop pode ser estrategicamente instalado. Se a mesma superfície tiver parte do tampo em balanço, essa área, sem dúvida, será a mais disputada da cozinha.

RECEBER NA COZINHA

DECORAÇÃO

A parede junto à mesa não precisa estar revestida de cerâmica. Utilize aqui acabamentos como pintura, papéis de parede ou painéis de madeira. Decore as paredes ao redor com quadros, louças e acessórios.

CLIMA DE ESTAR

Quadros e luminárias deixam a área da mesa mais aconchegante na hora das refeições e trazem um clima de sala de estar que pode surpreender na cozinha. Os pisos decorados funcionam como tapetes sob a mesa.

PERSONALIDADE

Escolha cadeiras com personalidade, seja na cor, no acabamento ou no desenho. Para otimizar o espaço no dia a dia e liberar a circulação, encoste a mesa na parede. Na hora de receber, ela pode ser desencostada para acomodar assentos extras.

COZINHA PLANEJADA OU NÃO

DETALHES

De fato, as cozinhas feitas sob medida são uma ótima solução para aproveitar ao máximo o espaço. Não se trata apenas da quantidade de armários, mas também de boas soluções com divisórias internas, ferragens, corrediças, acabamentos e iluminação.

CUSTO

Por mais atrativo que possa ser o valor de uma cozinha planejada, o investimento costuma ser significativo no valor total da reforma. Por isso, só faz sentido gastar essa grana se a sua ideia não é se mudar em breve. Afinal, adaptar um armário planejado para uma nova planta não é uma tarefa tão simples.

TORRES

Use as torres com nichos abertos para guardar os eletrodomésticos menores mais utilizados, liberando a bancada. Porta-alimentos, livros de culinária, objetos decorativos e correspondências também ficam mais organizados aqui.

ECONOMIA

As cozinhas não planejadas, sem dúvida, são mais econômicas e flexíveis. Prateleiras, nichos, estantes, cristaleiras e carrinhos são móveis que facilmente podem ser utilizados no futuro em outras casas ou para diferentes funções em outros ambientes.

ABERTOS E FECHADOS

Com menos armários, tudo fica mais à mostra e, por isso, a limpeza pode se tornar mais complicada também. A solução é combinar móveis fechados – para estocar alimentos, utensílios pouco usados e menos decorativos – com móveis abertos – para os mais utilizados e visualmente interessantes.

VEJO, LOGO USO

Para tudo que guardamos na cozinha, de alimentos a panelas, as melhores soluções levam em conta visualizar bem o que está guardado e ter fácil acesso àquilo que usamos no dia a dia. Sob os tampos, prefira gavetas de diferentes alturas para talheres e panelas. E, sobre a bancada, armários, nichos ou prateleiras.

ILUMINAÇÃO

DICAS PARA COMBINAR DIFERENTES SOLUÇÕES DE ILUMINAÇÃO

1

DIFUSA: com plafons no teto, que auxiliarão na limpeza do espaço em qualquer momento do dia.

2

FOCADA: com arandelas, pendentes ou spots direcionáveis sobre a bancada de trabalho.

3

DIRETA: com pendentes sobre a mesa de refeições.

4

LINEAR: com fitas de LED ou pontos embutidos sob prateleiras e no interior de armários, para destacar objetos ou facilitar o acesso.

CUIDADO COM A SOMBRA

Quando a única iluminação da cozinha é um ponto central no ambiente, nosso corpo produz uma sombra justamente na área da bancada em que estamos trabalhando. Para resolver imediatamente esse problema, instale arandelas e abajures na parede à sua frente, em prateleiras ou mesmo na bancada.

BANCADAS E REVESTIMENTOS

COMECE PELA BANCADA

A bancada é uma grande e importante superfície dentro do ambiente e ajudará a definir os demais acabamentos. Não existe um material perfeito para bancadas, todos têm vantagens e desvantagens.

DICAS PARA ESCOLHER A BANCADA DA COZINHA

1

O granito é o material mais resistente, graças à sua baixa porosidade, mas a maioria de suas variedades é pigmentada e não apresenta uma cor sólida – a não ser o granito preto, que deixará a superfície em que você mais precisa de luz na casa ainda mais escura. Compense isso com revestimentos claros no frontão.

2

Os mármores e as pedras porosas podem ser usados em tampos, mas exigem impermeabilizações mais regulares e maior cuidado na hora do uso para evitar manchas. Derrubou vinho ou molho de tomate, por exemplo? Limpe na hora. Por outro lado, o investimento nesse material pode compensar se o objetivo for criar bancadas cheias de estilo.

4

Não é à toa que o aço inoxidável é o material utilizado na cozinha de praticamente todos os restaurantes. Apesar de sua frieza e tendência a riscar, é muito fácil de limpar e extremamente durável.

3

Os mármores compostos foram desenvolvidos justamente para unir beleza e praticidade. Além de serem praticamente impermeáveis, conseguem reproduzir os padrões das pedras naturais e também são encontrados em uma variedade de cores sólidas, além do 100% branco, mas o investimento para pagar essa tecnologia continua sendo alto.

REVESTIMENTOS

Existe uma infinidade de revestimentos para pisos e paredes disponíveis no mercado. Porcelanatos, cerâmicas, pastilhas e azulejos são os mais comuns. Cada um deles, dentro de sua linha, tem características próprias que orientarão sua decisão. Além do visual das peças (desenhos, formatos, cores e acabamentos), preste atenção nas características técnicas, como resistência a manchas e ao impacto, nível de absorção de umidade e espessura das peças e dos rejuntes.

DICAS PARA COZINHAS PEQUENAS

1

Pense na praticidade do dia a dia e escolha eletrodomésticos pequenos. A vantagem dos *cooktops* é permitir instalar fornos em torres verticais.

2

Otimize a área de trabalho. Procure lixeiras e escorredores de louça de parede e guarde os eletrodomésticos pequenos fora da bancada.

3

Deixe tudo à mão para que cozinhar seja o mais prático possível. Por mais úteis que sejam, armários roubam espaço.

4

Tenha armários apenas onde for essencial. Prateleiras e estantes deixam à mostra as paredes do ambiente, aumentando a sensação de espaço.

5

Tenha apenas utensílios que você realmente usa e invista em peças com design e acabamento básicos e coordenados entre si.

6

Guarde os pratos, louças e talheres das refeições na sala, em um armário próximo da mesa. Isso irá liberar muita área de estocagem na cozinha.

7

Preserve as áreas por onde passam os canos de água nas paredes e, nos demais espaços, instale quantos ganchos, cestos, prateleiras e organizadores forem necessários.

8

Se a cozinha e a sala estiverem integradas, use o mesmo acabamento para todos os armários dos dois ambientes. Isso tornará a fronteira entre os dois espaços mais sutil.

9

A dica acima também vale para as paredes e os pisos. Com certos cuidados, até os tacos de madeira maciça e os pisos vinílicos podem ser usados na cozinha.

10

Se preferir, opte pelos pisos frios, como porcelanatos com padrão de madeira, pedras ou cimento. São mais aconchegantes e funcionam muito bem nos dois ambientes.

06

Dormir

QUARTO

O quarto é nosso refúgio mais íntimo; local para recarregar as energias e cuidar da gente mesmo. É um reduto de silêncio e de conforto. Por isso, também acolhe outras atividades, além de dormir, que necessitam de maior concentração, como meditar e ler. Apesar de ser considerado o local mais privado da casa, muitas famílias curtem juntos bons momentos no quarto, vendo televisão ou tomando café na cama. E as crianças adoram passar o tempo contemplando o universo adulto enquanto seus pais trocam de roupa, fazem a barba e se maquiam.

A qualidade espacial do quarto influencia diretamente nosso sono e nossa saúde. Por isso, evitar a bagunça é tão importante nesse local. Muitas vezes o armário é o maior móvel de estocagem da casa, mas é preciso ter cuidado e praticar o **consumo consciente** para ele não se transformar em um depósito justamente no ambiente onde você mais precisa de tranquilidade.

CONSUMO CONSCIENTE

Consumir de maneira consciente não significa apenas saber o que, quanto e como comprar, mas também participar do processo de produção e descarte do item. Quer dizer, entender todo o ciclo de vida do produto, desde a origem de sua matéria-prima, passando pela forma de fabricação, venda, uso e, finalmente, descarte ou reciclagem. E, em todas essas etapas, considerar os impactos diretos na qualidade de vida das pessoas envolvidas. O consumidor consciente é um coautor dos produtos. Ele é um grande colaborador dos arquitetos e designers, pois sabe melhor do que ninguém como funciona seu dia a dia. Quanto mais os clientes participam das decisões, melhor é o resultado dos produtos e menos descarte é produzido.

CAMA

1

A cama box não tem quinas aparentes e por isso ajuda a evitar acidentes. Sua base com rodízios facilita a movimentação pelo ambiente na hora da limpeza, e alguns modelos possuem um baú com uma área considerável para estocagem.

2

As estruturas de camas tradicionais, de madeira e/ou aço, têm um charme especial e, por serem mais leves e baixas, ajudam a alongar o visual do ambiente.

3

Olhar a cabeceira da cama de frente para quem entra no quarto é agradável, mas não se prenda a essa regra.

4

Quando liberamos as laterais da cama, sem encostá-las na parede, o acesso é mais fácil, assim como a troca das roupas de cama. Por outro lado, pense na área livre para se vestir que pode ser liberada simplesmente encostando a cama em uma das paredes.

5

Considere a vista que você terá da janela quando estiver deitado na cama. É mais agradável olhar a copa de uma árvore ou o céu do que um prédio vizinho.

CABECEIRA

ESTOFADA

Considere ter uma junto ao colchão. Além de trazer mais conforto para apoiar o corpo quando estamos sentados na cama lendo ou assistindo à televisão, o acabamento de tecido deixa toda a composição da cama mais aconchegante.

PAINEL OU PINTURA

Mesmo uma faixa de pintura ou papel de parede com a altura de uma cabeceira ajudam a criar uma base para todos os elementos que estarão à frente da parede. Esse plano de fundo, que funciona bem quando tem uma textura ou cor mais escura que os lençóis, dá estrutura à decoração da parede, orientando a disposição de quadros e luminárias.

CRIADO-MUDO

MODELOS

Existe uma infinidade de móveis que podem servir como criado-mudo, além dos modelos tradicionais que conhecemos. Mesas laterais sem gavetas e prateleiras que não tocam o piso são uma boa alternativa. Tome apenas o cuidado de escolher peças com uma altura próxima à do colchão.

MULTIFUNCIONAIS

Até uma cadeira pode cumprir essa função. Apesar do seu assento ser mais baixo que a altura de uma cama, seu encosto equilibra visualmente essa diferença.

ILUMINAÇÃO

CORTINA

Apesar de a maioria das pessoas gostar de dormir em quartos completamente escuros, filtrar a luz durante o dia com cortinas torna o clima do ambiente mais suave e garante a privacidade.

PLAFON

Quando estamos deitados, é inevitável olhar diretamente para a luminária fixada no teto. Por isso, escolha um plafon que produza uma iluminação indireta ou que tenha acabamento em vidro fosco ou tecido.

ABAJURES

Luminárias nas laterais da cama, com acionamento ali mesmo, são mais confortáveis visualmente e funcionais para quem gosta de ler ou fazer atividades manuais na cama.

ROUPAS DE CAMA

VISUAL CLEAN

Este é o único ambiente da casa onde não devemos ter medo dos acabamentos brancos. Quanto mais clean for o visual aqui, maior a sensação de limpeza e calma que precisamos para relaxar.

KIT BÁSICO

Os itens que compõem um jogo completo de roupa de cama são: lençol de baixo (em geral, com elástico) e lençol de cima (sem elástico), capas para travesseiros, colcha ou edredom (com ou sem capa). Jogos de cama que combinam entre si são uma ótima solução para criar um visual na cama diferente a cada troca.

TOQUE FINAL

As mantas e almofadas decorativas são o último toque estético que deve ser escolhido. Pense em itens que também possam ser usados no sofá da sala e experimente levar e trazer esses complementos quando quiser dar uma cara nova para sua cama, principalmente nas mudanças de estação.

ARMÁRIOS

DICAS PARA ESCOLHER OS ARMÁRIOS

1

Planejados ou comprados prontos, o interior dos armários deve contar com quatro soluções: varão para cabides, prateleiras, gavetas e sapateiras.

2

Procure posicionar o guarda--roupa planejado em uma única parede para evitar os cantos em L, em que o acesso às roupas é mais complicado.

3

Nos corredores com armários dos dois lados, planeje cada lado com profundidades diferentes: a maior para cabideiros e gavetas e a menor para nichos e sapateiras.

PORTAS DE ABRIR OU CORRER

As portas de abrir são uma solução econômica em marcenaria e resultam em armários mais profundos. Já as portas de correr liberam a área à sua frente, mas podem roubar na profundidade interna, já que as portas precisam correr em planos diferentes.

CLOSET À PARTE

Ter um ambiente exclusivo para guardar as roupas e se vestir pode parecer um luxo, mas ajuda – e muito! – a manter o quarto mais organizado.

CLOSET NO QUARTO

Os quartos em L ou com corredor com largura suficiente para armários nas laterais também possibilitam essa setorização dentro do mesmo ambiente.

ECONOMIA

As cremalheiras ou armários sem portas são uma solução simples para otimizar espaço e economizar na hora de escolher uma maneira de guardar as roupas. Para manter as peças limpas e o visual do quarto organizado, instale cortinas diante das prateleiras e escolha o mesmo tecido usado na cortina da janela.

CÔMODAS

GRANDE, MAS ÚTIL

Dependendo da planta do quarto, cômodas podem complementar a área de estocagem do armário ou guarda-roupa. São perfeitas para roupas dobradas e podem, inclusive, estar na lateral da cama, cumprindo a função de um criado-mudo. Para compensar o volume da peça, decore as paredes ao seu lado com quadros, pinturas ou qualquer ponto focal com a mesma proporção da cômoda.

VERSATILIDADE

Racks podem ser muito baixos para apoiar uma televisão diante da cama. Nesse caso, as cômodas têm uma altura mais apropriada. Sua flexibilidade não para por aí. Elas podem servir como trocador em um quarto de bebê, apoio para um bar na sala ou para uma mesa de jantar próxima à área de refeições.

POLTRONAS E BANCOS

CONFORTO

Ter espaço para uma poltrona no quarto ajuda a criar um clima de estar nessa área íntima. E é uma peça muito útil na hora de se vestir, já que a altura de algumas camas pode tornar bem difícil a tarefa de calçar um simples tênis.

CUIDADO

O desenho e o revestimento da poltrona podem ajudar a dividir com a cama as atenções do ambiente. Se você for o tipo de pessoa que costuma deixar roupas espalhadas pelo local, opte por ter cabideiros na parede ou atrás da porta. Transformar a poltrona em um monte de roupas destrói a decoração e o clima de tranquilidade que qualquer quarto precisa.

VAI E VOLTA

As cadeiras ou os bancos no pé da cama podem ter funções muito parecidas com a de uma poltrona. Na hora de dormir, também ajudam a apoiar as almofadas e mantas decorativas, desde que elas voltem para a cama na manhã seguinte.

DICAS PARA QUARTOS PEQUENOS

1

Se for investir em marcenaria planejada, crie um mezanino e leve a cama para cima dele. Em estúdios, isso significa privacidade.

2

Sob a cama, é possível criar uma área para home office ou até mesmo um segundo quarto na parte inferior, tipo cápsula, para eventuais hóspedes.

3

Substitua criados-mudos apoiados sobre o piso por prateleiras e nichos nas laterais ou sobre a cabeceira.

4

As camas-baú têm uma área excelente sob o colchão, ideal para guardar malas, roupas de cama e roupas sazonais.

5

Encoste uma das laterais da cama de casal na parede, principalmente se você morar sozinho, para ganhar uma área maior para se vestir.

6

Para melhorar a circulação, instale uma prateleira sobre a televisão a fim de acomodar os equipamentos.

7

Use persianas horizontais e rolo no lugar de cortinas de tecido que vão até o piso.

8

Use arandelas e pendentes no lugar de abajures, liberando mais área sobre os criados-mudos.

9

Substitua cabideiros de piso por ganchos atrás da porta e cabides de parede.

10

Evite cabeceiras muito espessas e estofadas se a área de circulação na frente da cama for estreita. Crie o efeito de cabeceira com pintura em meia parede.

07

Estudar e Brincar

QUARTO E BRINQUEDOTECA

ABCDE
FGHIJ
KLMN
OPQIST
UVWXYZ
BALACO
BACO
GIRAFA

A casa da nossa infância é uma lembrança construída desde nossos primeiros dias de vida, que guardamos para sempre na **memória**. Sabendo disso, o sonho de muitos pais é que o bebê tenha o quarto mais legal do mundo. Que pais não sonham com isso? E, consequentemente, muitos passam toda a gestação cuidando da decoração para criar o quartinho perfeito. Mas tem ainda aqueles que fazem apenas o básico, e só se dedicam à decoração após o nascimento da criança, quando se sentem mais seguros das escolhas, graças aos primeiros meses de convivência com o bebê. O quarto de criança é o ambiente que mais muda nas casas. É lá que começamos a desenvolver as ideias de autonomia, responsabilidade, organização, concentração e outros conceitos que vão formar nossa personalidade. Para os adolescentes, esse é o primeiro universo particular, lugar de descobertas, amadurecimento, muito estudo, bastante diversão e o local ideal para receber os amigos.

O tempo passa rápido e os móveis precisam se adaptar às mudanças...

MEMÓRIA

A memória afetiva tem uma influência enorme sobre o que escolhemos para ficar, entrar, ou sair da nossa casa. Lembranças de móveis e objetos, cores, materiais, plantas, luz, textura e cor podem nos acompanhar durante muitos e muitos anos, despertando sensações importantes ou trazendo conforto pra alma. Grande parte dessa memória se constrói na infância e adolescência. Na hora de decorar o quarto do seu filho, pense nas lembranças que você quer que ele tenha dos primeiros anos de vida e capriche nas soluções para que ele possa descobrir o mundo de uma forma criativa, corajosa e leve.

BERÇO

LAYOUT

Comece a pensar no layout do quarto do bebê pela posição do berço. Se você tiver espaço suficiente, procure deixar as laterais do leito livres. Quanto mais espaço tiver para tirar e colocar o bebê no berço, melhor! Fuja da corrente de ar que pode se formar entre a janela e a porta. Escolha um lugar silencioso e com iluminação controlada.

MODELO

Entre todos os modelos disponíveis no mercado, os principais aspectos a se considerar na hora da compra são: desenho e acabamentos que promovam a segurança do bebê (o móvel deve ser certificado pelo Inmetro) e regulagem de altura do colchão; a possibilidade de remoção das grades de proteção para ser posteriormente usado como minicama; e o design, que se for atemporal poderá acompanhar o crescimento da criança e mudanças na decoração do quarto.

MÓBILES E LUMINÁRIAS

Bebês passam muito tempo deitados no berço olhando para cima. Por isso, os móbiles são itens sempre presentes nesse espaço. Além disso, escolha luminárias para o teto com dimerização e que não causem ofuscamento. As demais fontes de luz do quarto também devem ser suaves, mas capazes de permitir que você caminhe por ali com segurança.

DECORAÇÃO

O bebe só ficará sentado após alguns meses de vida e, até lá, é possível deixar brinquedos, objetos de decoração, babás eletrônicas e outros acessórios próximos ao berço. Depois disso, qualquer coisa ao alcance do bebê poderá servir de apoio para ele se movimentar, e tudo que estiver ao seu alcance ou será levado à boca, ou arremessado pelo quarto.

SEGURANÇA

As proteções de berço, piso e caminhas podem ajudar na decoração, mas são limites que, mais cedo ou mais tarde, serão vencidos pelo bebê. Quanto mais autonomia ele tiver sob a supervisão de um responsável, mais cedo alcançará a independência para se locomover pelos espaços.

ROUPINHA DA CAMA

Com tantos acabamentos em tecido no ambiente, o melhor é definir uma paleta de cores e misturar tecidos lisos com estampados que combinem entre si. Assim, não será preciso trocar todo o jogo de cama quando o bebê sujar apenas uma peça do conjunto.

POLTRONA

MODELO E COMPLEMENTOS

Esta é uma peça que deve ser comprada pessoalmente, descobrindo o que é mais confortável para cada um. Ela servirá em grande parte para amamentar durante a noite, pois, na verdade, durante o dia, o bebê será amamentado em muitos lugares diferentes da casa.

Perto da poltrona, os tapetes serão outra área confortável e segura onde pais e filhos passarão muito tempo juntos. Por isso, posicione a poltrona em um local com vista para todo o quarto e com boa iluminação natural; e instale perto dela uma luminária, preferencialmente de parede.

FIM DA AMAMENTAÇÃO. E AGORA?

Com o fim da amamentação e a criança andando por toda a casa, a poltrona perde um pouco da sua função no ambiente e esse pode ser o momento de levá-la para sala, liberando mais espaço para as brincadeiras no chão. Pense nesses ciclos dos móveis na hora da escolher tudo o que você comprar para a sua casa. Essa flexibilidade é o que realmente aumenta a vida útil deles diante da dinâmica de uma casa normal.

SOFÁ-CAMA

Se for necessário ter um sofá-cama, seja para uso dos pais, seja porque o cômodo funcionará eventualmente como um quarto de hóspedes, tenha o cuidado de sempre liberar o centro do ambiente para a entrada do carrinho do bebê.

ESTANTES E POLTRONA

Ao lado do sofá, no lugar das mesas laterais, posicione estantes de piso ou de parede que também servirão para apoio de livros e brinquedos. Esses serão os primeiros móveis com os quais o bebê entrará em contato quando estiver fora do berço. Por isso, devem estar fixados na parede ou serem leves, caso estejam no nível do piso.

CÔMODA

LAYOUT E COMPLEMENTOS

O local da cômoda pode variar muito de acordo com a planta do quarto. Posicione-a ao lado do berço quando for possível. São dois móveis quase interligados enquanto a criança usa fraldas. Para aumentar a segurança e a praticidade, tenha ganchos de apoio para roupas e prateleiras ou nichos para os objetos essenciais de higiene.

FIM DA FRALDA, UFA!

Este é outro móvel que deixa de ser essencial no quarto assim que o bebê para de usar fraldas. E quando a criança tiver por volta de 3 ou 4 anos de idade, no seu lugar, pode ser muito útil ter uma mesinha para brincar e estudar. Se a peça for para a sala de estar, ela pode ser usada como um aparador no hall ou bar. No quarto de adulto, pode servir de apoio para a televisão à frente da cama.

ARMÁRIOS

MODELOS

Nos primeiros anos de vida, os armários mais funcionais para quartos de bebês e crianças têm varões menores e mais baixos. Busque modelos com mais gavetões e nichos para muitas roupas pequenas que, em geral, são mais fáceis de serem guardadas dobradas. Um pequeno cesto para roupas sujas também ajuda a manter o quarto organizado durante todo o dia.

SÓ DELES

Se os armários forem de uso exclusivo das crianças, melhor! Então, eles não precisam ser tão grandes. O fácil acesso às roupas ajuda as crianças a aprender a fazer escolhas e colabora no desenvolvimento da autonomia. Já as barras de apoio e os espelhos auxiliam no desenvolvimento motor, estimulam a força de vontade e ajudam no processo da autodescoberta de que são indivíduos únicos no mundo.

CUSTOMIZE

Adesivos vinílicos e puxadores são uma maneira fácil de dar uma cara única para um armário antigo ou sem graça comprado pronto. Se a ideia for colocar a mão na massa, escolha desenho com cortes retos ou revista toda a porta. Vinis não deixam marcas sobre os laminados e são ótimas superfícies para as crianças brincarem com giz.

ORGANIZAÇÃO

NICHOS

Os móveis com nichos para brinquedos podem ser facilmente aproveitados no futuro para dispor livros, objetos e outras coleções de acordo com cada idade. Para as roupas, mochilas e outros acessórios, os ganchos e cabideiros são superúteis.

BRINCOU, ARRUMOU

Quanto mais autonomia as crianças têm no quarto, maiores são as suas responsabilidades. E manter o lugar organizado é a primeira delas. Independentemente da solução, é importante que os locais de estocagem estejam acessíveis e liberem o maior espaço possível no piso para elas esparramarem os brinquedos e estimularem a imaginação.

CAMA

AVENTUREIROS

Todas as crianças que conheci durante esses anos no Decora tinham uma coisa em comum: o espírito aventureiro. Em uma idade em que a fantasia está bombando, as palavras mágicas são: casa na árvore e cabana. Ir dormir sem ficar naquela enrolação, sozinhos e sem medo pode ser uma coisa divertida se a cama for um lugar mágico.

BELICHES

Com aproximadamente 5 ou 6 anos, as crianças começam a ocupar o quarto sozinhas e a ter coragem, energia e imaginação para dormir em camas elevadas. Se dividir o quarto com o irmão mais novo é a única opção, a cama elevada permite posicionar sob ela um ou até dois berços para os bebês recém-chegados.

CAMA ESCONDERIJO

Alguns modelos disponíveis no mercado têm outro elemento muito desejado nessa idade: o escorregador. Essas camas têm uma altura intermediária, entre a convencional e o colchão mais alto de um beliche. Nessa fase, as crianças têm altura para ainda aproveitar esse espaço, e a elevação prolonga a área de piso do quarto, criando um ótimo lugar para organizar os brinquedos.

MINI-HÓSPEDES

Esse também é o momento em que eles começam a receber os amigos, e é aí que as bicamas e os colchões reservas entram em cena. Mesmo que o quarto seja apenas de uma criança, nessa idade muitos preferem dormir na parte alta do beliche e deixar a parte de baixo para os mini-hóspedes.

MINISSALA

Se o beliche ainda tiver bicama, uma boa ideia é substituir o colchão inferior por uma base plana sobre o estrado e transformar o lugar em uma minissala de TV, games, leitura e brinquedoteca.

ESCRIVANINHA, ESTANTES E PRATELEIRAS

ESTUDAR E RECEBER

Ultrapassada a infância, o interesse pelos brinquedos começa a diminuir e, muitas vezes, eles passam a ser apenas uma coleção na estante. No lugar das brincadeiras, duas atividades se tornam as mais importantes dentro do quarto dos filhos: estudar e receber. O quarto agora é encarado pelos donos como um miniuniverso particular onde identidade e privacidade são muito importantes.

LOCAL EXCLUSIVO

Estudar na sala de jantar significa concorrer com outras atividades da casa. Para que esse momento faça parte naturalmente da rotina e para que se concentrar fique mais fácil, é importante que os filhos tenham um lugar especialmente pensado para os estudos. O local também deve ser bem iluminado de dia e à noite, o material escolar deve estar à mão e a ergonomia da cadeira começa a ganhar mais importância.

BAGUNÇA ORGANIZADA

O quarto dos adolescentes é um importante espaço para descobrir e expressar sua personalidade. As coleções de objetos, instrumentos, pôsteres e até as roupas são símbolos dessa conquista, e deixá-los à mostra é um maneira de se expressar e dialogar com o mundo. Escolha suportes flexíveis, como canaletas, pois o tempo passa rápido e logo outros interesses entrarão em cena.

RECEBER

Nessa fase, o quarto parece mais uma sala de estar do que um dormitório propriamente dito. Pufes, tapetes e revestimentos para o colchão ajudam a turma a se espalhar pelo ambiente e interagir, seja para estudar, seja apenas para bater papo.

IDENTIDADE

Em um quarto onde receber é mais importante que dormir, as áreas de armazenagem precisam passar despercebidas ou terem tanta identidade quanto o dono. Misture o tradicional guarda-roupa com estantes e armários que mantêm o ambiente organizado, mas também funcionam como elementos decorativos.

DICAS PARA QUARTOS PEQUENOS

1

Encoste uma das laterais do berço na parede para liberar espaço de circulação no centro do quarto.

2

Se você não tiver lugar para uma cômoda, considere montar um trocador no interior do armário usando uma das portas para isso.

3

Não tenha uma poltrona de amamentação. O importante é encontrar um espaço tranquilo em outro cômodo da casa.

4

Os armários que não ocupam todo o pé-direito não interrompem o teto e, por isso, ampliam a sensação de espaço.

5

Para otimizar a área sobre armários baixos, invista em cestos ou caixas organizadoras.

6

Como o clima aqui é sempre informal, espalhe ganchos e suportes nas paredes, camas e portas para organizar os pequenos objetos.

7

Para armazenar roupas e objetos dos outros moradores da casa, procure separar as áreas de armazenagem no guarda-roupa.

8

Os beliches liberam área para brincar no piso e espaço para outro colchão ou mesas de estudo.

9

As camas retráteis preservam a cama para adolescentes que gostam de receber os amigos no quarto com frequência.

10

Prefira criados-mudos, nichos e mesas presas na parede para facilitar a abertura de bicamas ou liberar espaço para brincar e receber os amigos.

BRINQUEDOTECAS

ELAS DECIDEM

Um lugar exclusivo na casa ou no condomínio para várias crianças requer ideias que mantenham o local organizado sem que isso signifique um quadro de regras atrás da porta. Liste as brincadeiras preferidas de todos os usuários, setorize o ambiente e use recursos como áreas monocromáticas para manter tudo no seu devido lugar. Apesar disso, todo o espaço deve ser pensado como um suporte livre para que as crianças inventem a melhor maneira de usá-lo.

TUDO É BRINQUEDO

Absolutamente tudo aqui pode ser usado para brincar. Misture texturas e cores, brinque com escalas e proporção dos objetos para que a imaginação voe alto. Brincar de maneira coletiva é um bom exercício para aprender a respeitar as diferenças e viver melhor em comunidade.

08

Limpar

BANHEIROS E LAVANDERIAS

Sabemos que os recursos naturais, como a água, são esgotáveis e devem ser usados de maneira consciente. É por isso que as soluções que escolhemos para o banheiro e a lavanderia devem não apenas garantir o nosso bem-estar, mas também a qualidade de vida da comunidade. Isso é decorar de maneira **sustentável**.

Com a variedade de revestimentos, louças, metais e eletrodomésticos disponíveis hoje no mercado, é difícil escolher. Por isso, o ideal é experimentar, tocar, ir até as lojas no momento da escolha. Com a diminuição dos apartamentos e o surgimento das lavanderias coletivas, o tanque desapareceu em algumas casas. Em contrapartida, as plantas se multiplicaram, trazendo vida e reacendendo velhos costumes. Esse espaço que só servia para lavar roupas pode se transformar em um apoio para atividades de jardinagem e até em local de trabalho.

Em nenhuma das transformações das últimas temporadas, mudamos pontos de hidráulica nos banheiros ou lavanderias. Mudar toda a estrutura hidráulica é o mesmo que começar um ambiente do zero e deixa o processo muito mais longo, caro e trabalhoso.

No lugar do quebra-quebra, busque soluções para transformar esses ambientes da maneira mais simples possível.

SUSTENTABILIDADE

Ser mais sustentável significa pensar no futuro, no próximo, no outro. Não se trata de mudar nossas atitudes pensando em como elas vão nos beneficiar ou como iremos usufruir delas. É o contrário daquele papo: "Para que vou reciclar se nunca vou ver o resultado?". Sim, talvez a gente não veja, mas estamos buscando a qualidade de vida de quem virá depois de nós. Além disso, a sustentabilidade é complexa, pois inclui questões ambientais, sociais, econômicas, culturais e até afetivas. O objetivo é buscar sempre ser mais sustentável e não 100% sustentável. Esse é um conceito dinâmico influenciado não só pelo design das coisas, mas também pela maneira como as usamos. Toda essa complexidade não pode nos limitar. Se muitas pessoas caminharem em sua direção, pequenas atitudes resultarão em grandes mudanças.

BANCADA

ARMAZENAR

O segredo de uma bancada funcional e sempre organizada são as soluções para armazenagem fora dela: no espelho, no gabinete ou na parede mais próxima. Sobre a bancada deixe apenas o essencial.

MARCENARIA PLANEJADA

Vale a pena investir numa marcenaria planejada para o gabinete do banheiro. Considere ter gavetas que podem ter pouca profundidade para os produtos e acessórios pequenos. Na área do sifão, o ideal é ter porta e, internamente, prateleiras. Use essa área como despensa de produtos maiores, como shampoos e papel higiênico. Se ainda tiver espaço, invista em um gavetão para as roupas sujas.

ATRÁS DO ESPELHO

Transformar o espelho em um armário é uma solução que otimiza muito a área de estocagem. A profundidade e a altura das prateleiras internas não precisam ser maiores do que a de uma embalagem de perfume. Acredite, quando ele estiver instalado, você vai se impressionar com a quantidade de coisas que caberão ali.

CUBA

Os modelos de cuba podem ser: de embutir, de sobrepor, de encaixe, de semiencaixe, de piso ou suspensa. Na hora de escolher o melhor modelo para você, considere a relação entre o tamanho da cuba e o espaço que você terá livre na bancada para apoiar tudo o que precisa na hora de se cuidar. Se escolher uma cuba de apoio, sua bancada terá a altura de uma mesa, que pode servir como uma área de maquiagem, caso ali tenha mais um espelho, uma luz própria e uma banqueta.

TAMPOS

Para o tampo, escolha os materiais menos porosos, que são mais resistentes às maquiagens e fáceis de limpar. Os granitos, pedras industrializadas e os porcelanatos são quase impermeáveis e há opções em cores neutras lisas que deixam o visual do banheiro mais limpo. Mas é claro que outros materiais, como cimento, cerâmicas, madeira, vidro e aço, também podem ser usados.

BOXE

INTEGRAÇÃO

As portas de vidro integram visualmente a área interna do boxe com o restante do banheiro. Por isso, tenha o cuidado de utilizar os mesmos revestimentos dentro e fora da área do boxe, no piso e nas paredes, pois isso aumentará a sensação de espaço no menor ambiente de casa.
E procure organizar os produtos usados no banho em nichos ou prateleiras, para manter o local visualmente limpo.

PORTA DE CORRER OU DE ABRIR

Portas de correr economizam espaço, mas seu mecanismo de funcionamento tem mais ferragens aparentes. Já as portas de abrir têm menos ferragens aparentes, mas o modelo rouba mais área do banheiro.

METAIS E ACESSÓRIOS

METAIS

A lista de metais para o banheiro não é pequena. Torneiras, misturadores, acabamentos de registros, válvulas, duchas higiênicas, chuveiros e sistemas de descarga são os principais. Procure comprar itens que fazem parte de uma mesma linha para que o conjunto deles seja o mais harmonioso possível. Comece escolhendo as torneiras, pois, no final, elas também têm uma grande função decorativa no ambiente. Além disso, pense na funcionalidade, na ergonomia na hora do acionamento e também na economia de água.

ACESSÓRIOS

Os acessórios, como ganchos, toalheiros, papeleiras e lixeiras, podem trazer um clima mais descontraído e pessoal para o banheiro. Vale garimpar esses objetos em lojas de decoração, feiras de antiguidade ou até mesmo buscar uma peça com design assinado. Às vezes basta alguns quadros na parede e uma escada utilizada como toalheiro para dar ao seu banheiro um clima menos planejado e mais aconchegante.

REVESTIMENTOS

DICAS PARA DAR CARA NOVA SEM QUEBRA--QUEBRA

1

Sobre revestimentos de piso e parede é possível aplicar novos revestimentos usando uma argamassa de assentamento própria.

2

Já a pintura sobre cerâmica tem maior durabilidade nas áreas que não entrarão em contato direto com a água. Isso significa que pintar azulejos não é uma solução definitiva para áreas úmidas.

3

Revista apenas as áreas que realmente entrarão em contato direto com a água. Nos banheiros frequentados por crianças, essas áreas devem ser ainda mais generosas. Nas demais áreas, escolha acabamentos que podem receber pano úmido para limpeza ou mesmo tintas mais resistentes.

4

O banheiro é o último ambiente de uso mais privado da casa, mas trazer uma atmosfera de estar é o primeiro passo para torná-lo um local menos frio.

ILUMINAÇÃO

LUZ NATURAL

Otimizar a iluminação natural é importante, já que as questões de limpeza e higiene aqui são prioridades. Por isso, os acabamentos brancos, que refletem mais a luz, são tão comuns nos banheiros. Além disso, se maquiar e fazer a barba, por exemplo, são atividades que exigem precisão e, por isso, muita iluminação.

LUZ ARTIFICIAL

Porém, muitos banheiros, principalmente em apartamentos menores e mais novos, não têm janelas. Neles, as fontes de luz artificial também devem ser ainda mais variadas e, preferencialmente, feitas com lâmpadas com ótima reprodução de cor e que iluminem de forma homogênea.

LUZ IDEAL

Nos espelhos, a iluminação cruzada, nas laterais e na altura do rosto, produz a melhor iluminação na área da bancada, pois não gera sombras no rosto. Para dentro do boxe escolha lâmpadas com bulbos blindados por conta do excesso de vapor.

LAVANDERIA

ISOLAMENTO VISUAL

Todas as vezes em que me deparei com essa área no Decora, máquina de lavar, tanque e varal não só precisavam estar compactados, para que no restante do ambiente os moradores pudessem exercer outras atividades, como também era necessário isolá-la visualmente. Uma ótima ideia é usar cortinas feitas com tecidos sintéticos próprios para áreas externas resistentes à umidade.

TANQUE DE COLUNA OU EMBUTIR

Para otimizar a área, uma boa solução é usar o tanque de embutir, em vez do tradicional tanque de coluna. Ele deve ser encaixado em uma bancada, como uma pia tradicional, criando mais superfície de apoio para baldes e produtos de limpeza. As máquinas com abertura frontal permitem que essa bancada seja ainda maior, já que elas podem ficar sob o tampo.

Guia para
Lavanderia

ESPAÇO MULTIFUNCIONAL

Enquanto houver na sua casa uma área exclusiva para lavar roupas, pense na melhor forma de otimizar esse espaço para que ele não seja subaproveitado. Em muitos casos, é na lavanderia que fica a porta de entrada principal da casa e por isso o ambiente precisa dos mesmos acessórios de um hall. Além disso, muitas pessoas usam a bancada para desenvolver trabalhos manuais, como por exemplo, artesanato.

Em alguns edifícios, as lavanderias comunitárias se tornaram também um local de sociabilização, isentando os moradores de terem dentro dos apartamentos uma área obrigatoriamente grande que uma máquina de lavar exige. Com o crescimento da quantidade de plantas dentro de casa, no lugar da máquina de lavar, uma bancada de apoio para as tarefas de jardinagem pode ser bem útil. Um pequeno tanque é tudo o que restou de uma área que já foi considerada apenas de serviço e, agora, é multifuncional.

O FIM DA LAVANDERIA?

Talvez este ambiente não esteja apenas diminuindo de tamanho, mas realmente desaparecendo, ou melhor, se diluindo em outras áreas. Influenciado por um estilo de vida mais prático, ter um local exclusivo para apoiar as atividades de limpeza faz cada vez menos sentido em uma casa.

NO BANHEIRO

Considere um espaço para a máquina de lavar roupa dentro do banheiro. O que faz bastante sentido, já que é ali que definimos quais as roupas que deverão ou não ser lavadas, além da existência de pontos hidráulicos, revestimentos adequados e armários para estocar produtos e acessórios de limpeza.

BALDE E VASSOURA

As áreas de armazenagem dos produtos e acessórios de limpeza podem até estar camufladas em armários no hall de entrada. Considere um armário com o dobro da largura de um balde e a altura um pouco maior do que a de uma vassoura, e você terá espaço de sobra para eles e para os produtos de limpeza, uma pequena escada, a tábua de passar e um aspirador.

DICAS PARA BANHEIROS E LAVANDERIAS PEQUENOS

1

Descubra por onde passam os canos na parede e não tenha medo de usar a furadeira para fixar prateleiras, ganchos, nichos e armários. Quanto menor o espaço de piso, mais você precisa aproveitar as paredes.

2

Se tiver que priorizar onde executar uma marcenaria planejada, escolha o banheiro e a lavanderia. Tenha um gabinete sob a pia, espelho com armário e local para utensílios e produtos de limpeza.

3

Diminua os tipos de revestimentos de pisos e paredes para prolongar visualmente as superfícies, e use os mesmos dentro e fora do boxe, principalmente no piso.

4

Não tenha medo de quadros. Crie perspectivas com fotos e gravuras nas paredes longes da umidade.

5

Minimize as paredes revestidas e use tinta. Quanto menos textura, mais amplitude.

6

Use lâmpadas que produzam luz difusa para iluminar de maneira homogênea o ambiente. Guarde os efeitos de luz e sombra apenas para os lavabos.

7

Isole visualmente tanque e varal para deixar o espaço mais organizado.

8

Troque o tanque de coluna por uma bancada e crie um gabinete sob ele para organizar utensílios de limpeza.

9

Tenha plantas para trazer vida e criar um clima prazeroso nesses espaços tão pequenos.

10

Use as lavanderias coletivas do seu condomínio e compartilhe eletrodomésticos e utensílios que você usa apenas eventualmente.

AGRADECIMENTOS

Às pessoas que tiveram coragem de gravar um vídeo, se inscrever no programa e confiar a mim a missão de traduzi-las no espaço mais importante de suas casas.

Aos diretores, produtores, contrarregras, câmeras, operadores de áudio, vídeo, assistentes, fotógrafos e toda equipe que me ensinou do zero a profissão de ser eu mesmo na frente das câmeras.

Aos arquitetos e designers que fazem ou fizeram parte da equipe DECORA, que chegam antes de todo mundo, saem por último das obras e acreditam nas minhas loucuras.

Aos meus amigos que entenderam que eu precisava ficar meio sumido pra fazer esse projeto nascer.

A você, que abriu este livro com a mesma paixão com que sempre acompanhou as transformações do programa desde a época da Bel e do Marcelo.

A todos vocês: valeu, DECORA!

VAI
dar
CERTO

gnt

Diretora **Daniela Mignani**

Gerente de marketing **Polika Teixeira**

Analista de marketing **Ingrid Forino**

Texto fixado conforme as regras do Novo Acordo Ortográfico da Língua Portuguesa (Decreto Legislativo nº 54, de 1995).

Diretor executivo **Mauro Palermo**

Editores responsáveis **Camila Werner e Lucas de Sena Lima**

Editor assistente **Luisa Tieppo**

Textos **Maurício Arruda**

Preparação de texto **Camile Mendrot** [Ab Aeterno]

Revisão **Thiago Barbalho e Bruno Fiúza**

Capa, projeto gráfico e paginação **Claudio Novaes conceito/design/direção**

Foto de capa **Lufe Gomes**

Tratamento de imagens **Roberto de Souza Bezerra e Jônatas Trombini de Almeida**

Organização dos originais e produção de objetos **Renata Gaia**

Produção de moda **Ander Oliveira**

Maquiagem **William Cruz**

Fotos do miolo: as ordem das imagens seguem a orientação de leitura: de cima para baixo, da esquerda para a direita. As fotos não assinaladas são todas de **Lufe Gomes**.

André Klotz: 76 (primeira imagem), 114, 120, 121, 125 (primeira imagem), 177 (quarta imagem), 186, 187, 190, 193 e 194.

Alexandre Disaro: 18 (terceira imagem), 21 (segunda imagem), 21 (terceira imagem), 22 (primeira imagem), 23 (primeira imagem), 38, 42 (primeira imagem), 43, 47 (primeira imagem), 47 (segunda imagem), 54, 55, 64 (segunda imagem), 68, 70 (segunda imagem), 80 (primeira imagem), 86, 87 (primeira imagem), 98, 133, 137 e 145.

Flavio Santana: 6, 18 (primeira imagem), 18 (segunda imagem), 59 segunda imagem, 76 segunda imagem, 79, 91, 97, 100, 101, 111, 117, 149, 157, 159, 161, 163, 165, 167, 170 (primeira imagem), 172, 175 (segunda imagem), 177 (terceira imagem), 178 (segunda imagem).

Felco: 19 (terceira imagem), 72 (primeira imagem), 77, 93, 134,136, 138, 139, 162 e 202.

CIP-BRASIL. CATALOGAÇÃO NA PUBLICAÇÃO SINDICATO NACIONAL DOS EDITORES DE LIVROS, RJ

A819d
Arruda, Maurício
Decora / Maurício Arruda ; fotos Lufe Gomes. - 1. ed. - São Paulo : Globo Estilo, 2018.
208 p. : il.

ISBN 978-85-250-6663-3

1. Decoração de interiores. I. Gomes, Lufe. II. Título.

18-52684 CDD: 747
CDU: 747

Meri Gleice Rodrigues de Souza - Bibliotecária CRB-7/6439

1ª edição, 2018 - 2ª reimpressão, 2019

Editora Globo S. A.
Rua Marquês de Pombal, 25
20.230-240 – Rio de Janeiro – RJ

www.globolivros.com.br

Este livro, composto na fonte Branding, foi impresso em papel offset 120 g/m², na gráfica Eskenazi, em São Paulo, Brasil, em outubro de 2019.